相続・遺言対策ガイド

〜相続の仕組みと遺言書の書き方〜

矢野輝雄 著

緑風出版

相続開始後の主な手続の流れ

被相続人の死亡（失踪宣告や認定死亡も含みます）
① 被相続人の死亡時点で何らの手続なしに一括して遺産を相続します。
② 相続人の範囲は、民法に規定する法定相続人に限られます。
③ 遺産の範囲には被相続人の債務も含まれますが、一身専属権（例えば、親権、扶養請求権）と祭祀財産（例えば、位牌、墓）は除かれます。
④ 家庭裁判所での公正証書以外の遺言書の開封と検認の手続をします。
⑤ 被相続人の死亡から7日以内に戸籍法上の死亡届を提出します。

↓

相続人の確定と遺産の調査
① 相続欠格者、相続廃除者、相続放棄者を除いて相続人を確定します。
② 遺産は相続人全員の共同所有とされます。
③ 遺産の全部を調査し、死亡から3か月以内に①相続放棄、②限定承認又は③単純承認のいずれかを決めます。3か月以内に決められない場合は家庭裁判所に期間の伸長の申立をします。

↓

遺産の分割
① 遺言書に指定のある場合は指定の通りに遺産の分割をします。
② 遺言書のない場合は相続人全員の協議によって分割します。各相続人は、遺言書で遺産分割を禁止されている場合を除き、いつでも他の相続人に遺産分割の協議を申し出ることができます。
③ 協議が不調又は不能の場合は家庭裁判所の調停又は審判により分割します。
④ 遺留分（Q8参照）を侵害された相続人は、侵害する贈与や遺贈の減殺を（減らすこと）を請求できます。

遺産分割後の手続

① 相続税の納付が必要な相続人は死亡を知った時から10か月以内に納付します。
② 土地や建物を相続した者は所有権移転の登記をします。登記の期限はありませんし、登記をしなくても所有権は移転します。
③ 被相続人の所得税や消費税の準確定申告は、相続人が死亡を知った時から4か月以内に申告します。

法定相続分

第1順位　子と配偶者の場合

| 子　1／2　　　　配偶者1／2 |

○子が複数いる場合は、各自は均等

第2順位　直系尊属と配偶者の場合

| 直系尊属1／3　　　配偶者2／3 |

○より近い親等の直系尊属が優先
○同順位の場合（父母など）は、各自は均等

第3順位　兄弟姉妹と配偶者の場合

| 兄弟姉妹1／4　　　配偶者3／4 |

○兄弟姉妹が複数いる場合は、各自は均等
○父母の一方のみを同じくする兄弟姉妹は、双方を同じくする者の1／2

目　次●
相続・遺言対策ガイド

相続の仕組みと遺言書の書き方／目次

相続開始後の主な手続の流れ ……………………………………………… 2
法定相続分 ……………………………………………………………………… 4
はじめに ………………………………………………………………………… 6

第1章

相続の仕組みと相続人の範囲
11

- **Q 1** 相続とは、どういうことですか …………………………………… 13
- **Q 2** 相続人の範囲は、どのようになっているのですか ……………… 18
- **Q 3** 相続人から除外されるのは、どんな場合ですか ………………… 21
- **Q 4** 代襲相続とは、どういうことですか ……………………………… 26
- **Q 5** 相続人の相続分は、どのようになりますか ……………………… 30
- **Q 6** 特別受益者とは、どういうことですか …………………………… 35
- **Q 7** 寄与者とは、どういうことですか ………………………………… 38
- **Q 8** 遺留分とは、どういうことですか ………………………………… 42
- **Q 9** 相続人がいるかどうか不明の場合は、どうするのですか ……… 52

第2章

遺産の範囲と遺産分割
55

- **Q10** 遺産の範囲は、どのようになりますか …………………………… 57
- **Q11** 遺産の分割とは、どういうことですか …………………………… 64
- **Q12** 遺産分割の協議は、どのようにするのですか …………………… 72
- **Q13** 相続の承認と放棄の制度は、どのようになっていますか ……… 83
- **Q14** 相続の放棄をするには、どのような手続が必要ですか ………… 88
- **Q15** 相続の限定承認をするには、どのような手続が必要ですか …… 91
- **Q16** 相続の単純承認とみなされるのは、どんな場合ですか ………… 96
- **Q17** 遺贈とは、どういうことですか …………………………………… 99

Q18 相続や遺言に関する家事事件とは、どういうものですか....106
Q19 相続や遺言に関する家庭裁判所への申立は、どのようにするのですか..112

第3章
遺言書の書き方と遺言の執行
123

Q20 遺言の仕方には、どんな種類がありますか......................125
Q21 遺言ができる事項には、どんな制約がありますか.............130
Q22 自筆証書の遺言書の作り方は、どうするのですか.............134
Q23 遺言書の内容で注意することは、どんなことですか..........139
Q24 公正証書の遺言書の作り方は、どうするのですか.............146
Q25 遺言書の保管方法は、どうするのですか...........................151
Q26 遺言執行者は、どんなことをするのですか.......................153
Q27 遺言書の検認と開封とは、どういうことですか................158
Q28 遺言の撤回は、どのようにするのですか...........................161

第4章
相続税、贈与税、相続に関する登記の手続
165

Q29 相続税の制度は、どのようになっていますか...................167
Q30 贈与税の制度は、どのようになっていますか...................173
Q31 相続した土地や建物の登記は、どうするのですか.............178
Q32 生前の贈与、死因贈与、遺贈で取得した土地や建物の登記は、どうするのですか...183

附録1　家事「審判」の申立書の書式 ……………………………………192
附録2　家事「調停」の申立書の書式 ……………………………………194
附録3　家事事件手続法の「別表第一」…………………………………196
附録4　家事事件手続法の「別表第二」…………………………………203

はじめに

相続・遺言対策ガイド

　平成27年（2015年）1月からの相続税の大増税によって相続税を納付する必要のない者の範囲が次の通り大幅に縮小されたこともあって相続や遺言に対する関心が高まっています。

　平成26年（2014年）までは非課税額＝5000万円＋（1000万円×相続人の数）とされていましたから、

　例えば、相続人1人の場合なら5000万円＋（1000万円×1人）＝6000万円まで非課税、

　例えば、相続人2人の場合なら5000万円＋（1000万円×2人）＝7000万円まで非課税となっていました。

　平成27年からは非課税額＝3000万円＋（600万円×相続人の数）とされましたから、

　例えば、相続人1人の場合なら3000万円＋（600万円×1人）＝3600万円まで非課税、

　例えば、相続人2人の場合なら3000万円＋（600万円×2人）＝4200万円まで非課税となります。

　つまり、相続人1人の場合は2400万円も非課税枠が縮小され、相続人2人の場合なら2800万円も非課税枠が縮小されたのです。

　相続の問題は、誰にでも、いつかは起こる問題ですが、経験する機会が少ないことから家族の構成や遺産の種類によっては相続の手続が分かりにくい

場合も多いのです。相続の問題で特に重要な点は次の通りです。
　① 相続人の範囲は、どのようになっているのか
　② 相続人の取り分（相続分）は、どうなっているのか
　③ 遺産の分割は、どうするのか
　④ 遺言書は、どのように書くのか
　⑤ 家庭裁判所は、どのように利用するのか
　⑥ 相続税は、どのように計算するのか
　⑦ 相続に関する登記は、どうするのか

　相続に関して相続人の間で話し合いが調わない場合や話し合いができない場合には、家庭裁判所の家事調停や家事審判の手続を利用する必要がありますが、この手続を定める新しい「家事事件手続法」は平成25年（2013年）から施行されました。本書では、この新しい手続についても説明しました。

　本書では、重要な法律の条文については条数も明記しましたので、できれば小型六法でその箇所を見ていただくと良く理解することができます。本書が相続問題の理解に役立つことを期待しています。

平成27年6月

著者

第 1 章●
相続の仕組みと相続人の範囲

Q1 相続とは、どういうことですか

1 相続とは

(1) 相続とは、人が死亡した場合に、その死亡した人の財産上の一切の権利や義務を死亡した者と一定の関係にある者に引き継がせることをいいます。この場合の死亡した者を「被相続人」といい、財産上の権利や義務を引き継ぐ人を「相続人」といいます。

民法は、「相続人は、相続開始の時から、被相続人の財産に属した一切の権利義務を承継する。ただし、被相続人の一身に専属したものは、この限りでない」として「一切の権利義務」と規定していますから（896条）、土地・建物・現金・預金・宝石のようなプラスの財産（積極財産）のほか、借金のようなマイナスの財産（消極財産）も承継することになります。ただし、例外として、被相続人の一身専属権（例えば、扶養請求権、年金請求権）は相続人に承継されません。

(2) 相続は、被相続人が死亡した時点（死亡した瞬間）に開始します（民法882条）。相続人が被相続人の死亡した事実を知らなくてもかまいません。こうしないと誰のものでもない財産が生じることになるからです。

相続人となるためには、被相続人が死亡した時点（相続開始時点）において相続人が生存していることが必要です。このことを「同時存在の原則」といいます。しかし、例外として、出生前の胎児は、相続については既に生まれたものとみなされて相続人となります。ただ、死産の場合は相続人となりません（民法886条）。

(3) 例えば、父と子が同じ航空機墜落事故で死亡して死亡時期の先後が不明の場合には、これらの者は同時に死亡したものと推定されますから、これらの者の間では相続は開始しません（民法32条の2）。このことを

「同時死亡の推定」といいます。「推定」ですから、何らかの証拠で死亡の先後が判明した場合には、当事者間に相続が開始します。

(4) 死亡したものとみなされる場合として、次の①失踪宣告と②認定死亡があります。
① 失踪宣告とは、人の生死不明の状態が一定期間継続した場合に利害関係人（例えば、配偶者）の請求によって家庭裁判所の審判で死亡したものとみなす制度をいいます。この場合の失踪の種類には、(a)7年以上の生死不明の場合の普通失踪と、(b)戦地に臨んだ者、沈没船の中にいた者その他死亡の原因となる危難に遭遇し、危難の去った後1年以上の生死不明の場合の特別失踪とがありますが、死亡したとみなされる時点は、(a)普通失踪では7年の期間満了時点とされ、(b)特別失踪では危難の去った時点とされています（民法30条・31条）。いずれの失踪も失踪期間の満了時点から相続が開始します。
② 認定死亡とは、水難、火災、爆発その他の事変によって死体の確認はできないものの死亡したことが確実であると認められる場合には、その取り調べをした官公署（例えば、警察署）が死亡を認定し、死亡地の市町村長に報告する制度をいいます（戸籍法89条）。死亡の報告に基づいて戸籍に死亡の記載がされると、その記載の年月日時分において死亡したものと推定されますから、認定死亡の場合も認定年月日時分に相続が開始します。

2 相続人の範囲と相続財産の範囲

(1) 相続人となる人の範囲は、民法の規定により定められていますから、被相続人が民法に規定する相続人（法定相続人）以外の人を相続人に指定することはできません。この制度を「法定相続制度」といいます。
法定相続人の範囲は、次の者に限られます。
① 被相続人の配偶者（妻又は夫）
② 被相続人の子（実子のほか、養子も含まれます）
③ 被相続人の直系尊属（例えば、父母、祖父母）
④ 被相続人の兄弟姉妹

法定相続人の範囲に含まれる者が複数いる場合には、相続できる者の優先順位が民法で決められています（民法887条～890条）。同じ順位の相続人が複数いる場合の相続分（遺産の分け前の割合）は、被相続人の遺言（いごん）で指定されていない場合には、民法に定める割合（法定相続分）によって遺産を分けることになります。遺言がある場合は遺言の指定に従います。詳しくはＱ２以降で説明します。

(2)　相続財産の範囲は、「被相続人の財産に属した一切の権利義務」とされていますから（民法896条）、土地、建物、現金、預金その他のプラスの財産のほか、借金のようなマイナスの財産も一括して包括的に相続することになります。
相続財産を例示すると次の通りとなります。
　① 土地や建物の不動産
　② 書画、骨董品、宝石その他の貴金属類
　③ 機械器具、自動車、船舶、家具その他の動産
　④ 現金、預金その他の金銭
　⑤ 株式その他の有価証券
　⑥ 貸付金、売掛金、損害賠償請求権その他の債権
　⑦ 借地権、借家権
　⑧ 著作権、特許権、意匠権その他の工業所有権
　⑨ 借金、買掛金、地代・家賃支払債務その他の債務、保証債務
　しかし、相続財産に含まれないものには、次のものがあります。
　　(a)　被相続人だけに専属した一身専属権（例えば、扶養請求権、生活保護法による保護受給権、特別縁故者の相続財産分与請求権）（民法896条但書）
　　(b)　祭祀（さいし）財産（例えば、系図、位牌・仏壇その他の祭具、墓）（民法897条）

3　相続開始後の主な手続の流れ

　相続開始後の主な手続の流れは次の通りとなりますが、その詳細は、Ｑ２以降に説明します。

被相続人の死亡（失踪宣告や認定死亡も含みます）　➡相続人の確定と遺産の調査　➡遺産の分割　➡遺産分割後の手続（詳しくは２，３ページ参照）

４　相続人以外の者に財産を分け与える場合

(1)　相続人の範囲は民法に規定されていますから、相続人以外の者（例えば、長男の妻、子の生存中の孫、世話になった友人）に財産を譲与するには次の方法があります。
　　① 　遺言書によって遺贈（いぞう）をする
　　② 　生前の贈与契約によって財産の贈与を生前に完了する
　　③ 　生前の贈与契約によって死亡した時点で贈与をする（死因贈与契約）

(2)　遺贈とは、遺言者（被相続人となる者）が遺言書によって自分の財産の全部又は一部を無償で他人に譲与することをいいます（民法964条）。遺言者が死亡する前に遺贈を受けた者（受遺者（じゅいしゃ））が死亡した場合には、遺贈は無効となります（民法994条1項）。遺贈には、次の種類があります。
　　① 　特定遺贈（遺産の中の特定の物を譲与する場合）
　　② 　包括遺贈（遺産の一定割合を譲与する場合）
　　③ 　停止条件付遺贈（将来、条件が成就すると譲与する場合）
　　④ 　負担付遺贈（受遺者が遺贈を受けるのに負担が必要な場合）

(3)　贈与とは、当事者の一方（贈与者）が自分の財産を無償で相手方（受贈者）に与える意思表示をし、相手方がそれを受諾することによって成立する契約をいいます（民法549条以下）。贈与契約は生前に締結されますが、贈与契約には、①生前に贈与契約の履行を完了する場合（例えば、土地や建物の所有権移転の登記を完了する場合）と、②生前に贈与契約を締結するものの、贈与者が死亡した時点で贈与の効力が発生する死因贈与契約とがあります。

(4)　死因贈与契約は、贈与者の死亡によって贈与の効力が生じる契約ですから、死因贈与は、贈与者の死亡によって効力を生じる遺贈に似ていますので、遺贈に関する民法の規定が準用されます（民法554条）。遺贈の

場合と同様に遺言執行者の規定も準用されるので、死因贈与執行者の指定や選任が可能です。死因贈与は契約ですから、遺贈のように遺言書による必要はありませんし、合意内容を契約書面にする必要もありませんが、贈与者の死後に履行されることから契約内容を書面にしておくことが大切です。また、死因贈与の受贈者は、これを受諾しないこともできます。

Q2 相続人の範囲は、どのようになっているのですか

1 相続人の範囲

(1) 相続人とは、被相続人の死亡（失踪宣告や認定死亡も含みます）によって、被相続人の財産上の一切の権利や義務を民法の規定によって引き継ぐ者をいいます。相続人の範囲は、民法の規定で定まっており、民法に規定する法定相続人以外の者を相続人として指定することはできません。被相続人が、法定相続人以外の者に遺産を譲りたい場合には、被相続人の遺言書によって遺贈（遺言による無償譲与）として譲与すること、生前の贈与契約によって贈与することができます（民法964条・549条）。

(2) 民法に定める法定相続人の範囲は、次の範囲に限られています。
① 配偶者（被相続人の妻又は夫）
② 子（被相続人の実子のほか、養子、非嫡出子も含まれます）
③ 直系尊属（被相続人の父母、祖父母、曾祖父母）
④ 兄弟姉妹

上記の①を配偶者相続人といい、②③④を血族相続人といいます。血族相続人が相続する順序の順位は、(a)子、(b)直系尊属、(c)兄弟姉妹の順となりますが、先の順位の者がいる場合には、後の順位の者は相続人になれません。配偶者は、いずれの血族相続人がいる場合でも、常に相続人となります。血族相続人がいない場合には配偶者だけが相続人となります。配偶者がいない場合は血族相続人だけが相続人となります（民法887条～890条）。

第1順位	被相続人の 配偶者と子（法定相続分は配偶者1/2、子1/2）
第2順位	被相続人の配偶者と直系尊属（法定相続分は 配偶者2/3、

	直系尊属1/3)
第3順位	被相続人の配偶者と兄弟姉妹（法定相続分は配偶者3/4、兄弟姉妹1/4）

2　相続することができる順位

(1)　第1順位の「被相続人の子と配偶者」が相続人となる場合は、次の通りとなります。

① 子には、実子（親との血縁関係のある子）のほか、養子（養子縁組によって子となった者）も含まれます。

② 子には、嫡出子（法律上の婚姻関係のある男女の子）のほか、非嫡出子（法律上の婚姻関係のない男女の子）も含まれます。非嫡出子の相続分を嫡出子の半分としていた民法の規定は平成25年9月5日以降の相続には削除されました。

③ 子には、胎児（母の胎内にある出生していない子）も含まれます。相続については、胎児は既に生まれたものとみなされますが、死産の場合は除かれます。

④ 被相続人の子が、相続開始以前に死亡した場合や相続資格を失った場合（詳細はQ3）は、その者の直系卑属である子（被相続人の孫）が代わって相続人となります。これを代襲相続といいます（詳細はQ4）。この孫も死亡している場合は被相続人の曾孫が相続人となりますが、これを再代襲といいます。

⑤ 第1順位の子と配偶者の相続分（遺産の分け前の割合）は、子全員で2分の1、配偶者2分の1となります。子が複数いる場合は、各人の相続分は均等（平等）となります。

(2)　第2順位の「被相続人の直系尊属と配偶者」が相続人となる場合は、次の通りとなります。

① 第2順位の直系尊属（例えば、父母、祖父母、曾祖父母）が相続人となる場合は、(a)第1順位の子がいない場合、(b)子がいても全員が相続放棄をした場合又は、(c)子全員が相続資格を失った場合に限られます。

② 第2順位の直系尊属には、実父母（血縁関係のある父母）のほか、養父母（養子縁組による父母）も含まれます。この場合の直系尊属は血族に限られますから、配偶者の父母のような姻族（婚姻によりできた親族）は含まれません。

③ 直系尊属の親等が異なる場合（例えば、1親等の父母と2親等の祖父母がいる場合）は、被相続人に親等が近い者が優先します。1親等の父母と2親等の祖父母がいる場合は、父母が優先し、祖父母は相続人になれません。父母が死亡していたり相続放棄により相続人にならなかった場合は、祖父母が相続人となります。

④ 同順位の直系尊属が複数いる場合（たとえば、父と母がいる場合）には、各人の相続分は均等（平等）となります。

⑤ 第2順位の「被相続人の直系尊属と配偶者」が相続人となる場合の相続分は、直系尊属全員で3分の1、配偶者3分の2となります。直系尊属には代襲相続はありません。

(3) 第3順位の「被相続人の兄弟姉妹と配偶者」が相続人となる場合は、次の通りとなります。

① 第3順位の被相続人の兄弟姉妹が相続人となる場合は、(a)第1順位の子や第2順位の直系尊属がいない場合、(b)それらの者がいても全員が相続放棄をした場合又は相続資格を失った場合に限られます。

② 兄弟姉妹には、異母兄弟姉妹や異父兄弟姉妹も含まれます。しかし、これらの父母の一方のみを同じくする兄弟姉妹（先妻との間の子など）は、父母の双方を同じくする兄弟姉妹の相続分の2分の1とされています。

③ 被相続人の兄弟姉妹が、相続開始以前に死亡した場合や相続資格を失った場合は、その者の子（被相続人の甥や姪）が代わって（代襲して）相続人となります。この代襲相続は、被相続人の甥や姪に限られ、甥や姪の子の再代襲はありません。

④ 第3順位の「被相続人の兄弟姉妹と配偶者」が相続人となる場合の相続分は、兄弟姉妹全員で4分の1、配偶者4分の3となります。兄弟姉妹が複数いる場合は、各人の相続分は均等（平等）となります。

Q3 相続人から除外されるのは、どんな場合ですか

1 相続人から除外する制度

相続人から除外して相続権を奪う制度には、次の①相続欠格の制度と、②推定相続人の廃除の制度があります。

(1) 相続欠格の制度とは、推定相続人（相続が開始した場合に相続人となるべき者）が民法に規定する重大な違法行為をした場合に、何らの手続なくして法律上当然に相続資格を奪う制度をいいます（民法891条）。相続欠格の効果は、何らの手続なくして法律上当然に生じますが、①相続開始前に欠格事由が発生すれば即時に生じ、②相続開始後に欠格事由が発生すれば相続開始時に遡及して（さかのぼって）欠格の効果が生じます。

(2) 推定相続人の廃除の制度とは、被相続人が、推定相続人に相続をさせたくないと考え、推定相続人に民法の規定する非行があった場合に、被相続人の意思によって遺留分（相続人の法律上確保される最低限度の分け前の割合）を有する推定相続人（兄弟姉妹以外の相続人）の相続資格を奪う制度をいいます。相続欠格の場合と異なり、被相続人が家庭裁判所に請求して相続権を奪う制度ですから、請求のない限り廃除はなされません。被相続人は、生前に家庭裁判所に廃除の請求ができるほか、遺言書によって遺言執行者から家庭裁判所に廃除の請求をすることができます。

2 相続欠格の制度

(1) 推定相続人（相続開始により相続人となるべき者）が民法に規定する次のいずれかの事由に該当した場合は、何らの手続なくして法律上当然に相続資格を失いますから相続人となることはできません（民法891条）。
　① 故意に被相続人又は相続について先順位若しくは同順位にある者を死亡するに至らせ、又は至らせようとしたために刑に処せられた者

② 被相続人の殺害されたことを知って、これを告発せず又は告訴しなかった者。ただし、その者に是非の弁別がないとき又は殺害者が自己の配偶者若しくは直系血族であったときは、この限りでない。
③ 詐欺又は強迫によって、被相続人が相続に関する遺言をし、撤回し、取り消し、又は変更することを妨げた者
④ 詐欺又は強迫によって、被相続人に相続に関する遺言をさせ、撤回させ、取り消させ、又は変更させた者
⑤ 相続に関する被相続人の遺言書を偽造し、変造し、破棄し、又は隠匿した者

①の場合は、殺人既遂のほか殺人未遂や殺人予備を含みますが、刑に処せられたことが必要です。殺人の故意が必要ですから、過失致死や傷害致死は含みません。

②の場合は、告訴・告発をしなかった者には、(a)判断能力のない者や(b)殺害者が自分の配偶者・直系血族である者は含まれません。

③の場合は、「相続に関する」遺言に限られますから、相続に関しない遺言（例えば、未成年後見人の指定）は含まれません。④の場合も⑤の場合も、「相続に関する」遺言に限られます。

(2) 相続欠格の効果（相続人資格の剥奪の効果）は次の通りです。
① 相続欠格の効果は、特定の被相続人との関係だけで相対的に発生しますから、他の被相続人に対する相続権は失いません。例えば、親を殺した者でも子に対しては相続することができます。子を殺した者でも親に対しては相続することができます。
② 相続欠格の効果は、民法に規定する事由があった場合は何らの手続なくして法律上当然に発生します。相続欠格の効果は、(a)相続開始前に欠格事由があれば即時に発生し、(b)相続開始後に欠格事由が発生すると相続開始時点にさかのぼって欠格の効果が生じます。
③ 相続欠格者は、遺贈（遺言による遺産の無償譲与）を受ける資格（受遺資格）を失います（民法965条）。
④ 相続欠格者に被相続人の直系卑属（例えば、被相続人の孫）がある場合は、代襲相続が開始されます（民法887条2項）。

⑤　相続欠格者であるにもかかわらず遺産分割により遺産を取得した場合（例えば、戸籍上で相続人であるかのようにみられる者）は、相続人は、相続回復請求権にもとづく訴えの提起よって相続の回復をすることになります（民法884条）。
⑥　相続人の廃除の取消の場合に相当する規定はないので、相続資格を失うと回復の余地はありません。
⑦　被相続人Ａの相続について先順位又は同順位にある者Ｂを殺害した相続欠格者は、Ｂの相続については被相続人の殺害となるのでＢの相続についても欠格者となります。

3　推定相続人の廃除の制度

(1)　推定相続人（相続開始により相続人となるべき者）が民法に規定する次の要件を満たした場合には、被相続人は、家庭裁判所に廃除の審判の申立をして審判によって相続人の資格を奪う相続人の廃除をすることができます。相続欠格の場合では何らの手続なくして法律上当然に相続資格を失いますが、相続人の廃除の制度では、被相続人の意思により家庭裁判所の審判によって相続資格を失います（民法892条以下）。
　①　廃除される者は、遺留分を有する推定相続人（兄弟姉妹以外の推定相続人）であること
　②　次のいずれかの廃除原因があること
　　ア　被相続人に対して虐待をしたこと
　　イ　被相続人に対して重大な侮辱を加えたこと
　　ウ　推定相続人にその他の著しい非行があったこと
　③　被相続人が家庭裁判所に廃除の請求をすること
　④　家庭裁判所の廃除の審判があったこと

(2)　廃除の対象とできる推定相続人は、遺留分を有する推定相続人（兄弟姉妹以外の推定相続人）に限られます。遺留分とは、被相続人の兄弟姉妹以外の推定相続人（配偶者、子、直系尊属）のために法律上確保される最低限度の遺産の分け前の割合をいいます。兄弟姉妹には遺留分がありませんから、遺産を相続させたくない場合は、遺言で相続分の指定をゼロ

にするとか、他の者に遺産の全部を贈与したり遺贈をすればよいからです。

(3) 廃除の手続は、①被相続人による生前廃除の場合（民法892条）と、②遺言書による遺言廃除の場合（民法893条）とでは次の通り異なります
　① 被相続人による生前廃除の場合では、被相続人が生前に家庭裁判所に特定の推定相続人の廃除の審判の申立をして家庭裁判所の廃除の審判により被相続人に対する相続資格を失います。推定相続人が他の推定相続人の廃除を請求することはできません。
　② 遺言書による遺言廃除の場合では、被相続人の死亡により遺言書の効力が生じた後、遺言執行者（遺言内容を実現する権利義務を有する者）は、遅滞なく、家庭裁判所に廃除の審判の申立をして審判の確定により被廃除者は被相続人の死亡時点にさかのぼって相続資格を失います。しかし、相続欠格の場合（民法891条）とは異なり、廃除の場合には遺贈を受ける資格（受遺資格）は失いません（民法965条）。廃除された者も受遺資格には影響はないのです。

(4) 推定相続人の廃除の効果（相続人資格の剥奪の効果）は次の通りです。
　① 推定相続人の廃除の効果は、特定の被相続人との関係だけで相対的に発生しますから、他の被相続人に対する相続権は失いません。廃除の効果は、廃除を請求した被相続人に対する被廃除者の相続資格を奪うものに過ぎないので、被廃除者の子や孫の代襲相続には影響しません。例えば、子Ａが廃除されても、Ａの子には影響はないのです。
　② 受遺能力（遺贈を受ける資格）に関する民法の規定は、相続欠格者には、遺贈を受ける資格（受遺資格）を失うこととしていますが（民法965条）、廃除には規定していませんから、廃除により受遺能力（遺贈を受ける資格）を失いません。
　③ 廃除の効果は、(a)廃除の審判の確定が相続開始前にあった場合は、即時に発生しますが、(b)廃除の審判の確定が相続開始後にあった場合は、相続開始時点にさかのぼって生じます。
　④ 被相続人は、いつでも、生前に推定相続人の廃除の取消を家庭裁判

所に請求することができます（民法894条1項）。被相続人が遺言書で推定相続人の廃除の取消の意思表示をしていた場合は、遺言執行者は、遺言書の効力が生じた後、遅滞なく、その推定相続人の廃除の取消を家庭裁判所に請求する必要があります（民法894条2項）。廃除の審判の取消の請求は、生前の被相続人と遺言書の効力発生後の遺言執行者しかできないので、被廃除者からの請求はできません。

⑤　推定相続人の廃除又は廃除の取消の請求があった後、その審判が確定する前に相続が開始した場合は、家庭裁判所は、親族、利害関係人（例えば、相続人の債権者）又は検察官の請求によって、遺産の管理について必要な処分（例えば、相続財産管理人の選任）を命ずることができます。推定相続人の廃除の遺言があった場合も同様とされます（民法895条1項）。家庭裁判所が相続財産管理人を選任した場合は、不在者の財産管理人と同様に財産目録を作成したり民法の規定により管理をします（民法27条〜29条）。

Q4 代襲相続とは、どういうことですか

1 代襲相続とは

(1) 代襲相続とは、推定相続人（相続が開始した場合に相続人となるべき者）が次のいずれかの原因で相続資格を失った場合に、推定相続人の直系卑属（子や孫）が推定相続人に代わって同一順位で相続人となる制度をいいます（民法887条・889条）。

① 相続開始以前の推定相続人の死亡
② 推定相続人の相続欠格
③ 推定相続人の相続人廃除

例えば、被相続人の父Aの推定相続人である子Bが、Aの相続開始以前に死亡していた場合は、Bの子CがBに代わって（代襲して）Aを相続することになります。この場合のBを被代襲者といい、Cを代襲相続人（代襲者）といいます。

(2) 代襲相続の発生する原因は、①被相続人の相続開始以前の推定相続人の死亡、②推定相続人の相続欠格（Q3参照）、③推定相続人の相続人廃除（Q3参照）のいずれかの原因がある場合に限られますから、推定相続人が相続放棄をした場合は含まれません。推定相続人が相続放棄をした場合は、その者の子は代襲相続はできませんから、子の全員が相続放棄をした場合は、その直系卑属は代襲相続人とならないので、次順位の直系尊属が相続人となります。

代襲相続は、被相続人と推定相続人とが同時に死亡したものと推定される場合（例えば、航空機墜落事故で同時に死亡したものと推定される場合）にも発生します。民法では、数人の者が死亡した場合に、その中の一人が他の者の死亡後になお生存していたことが明らかでない場合は、これらの者は同時に死亡したものと推定することとしています（民法32条の

2)。例えば、父Aが山で遭難して死亡し、その子Bが同時刻頃に海で溺死した場合に死亡の前後が不明の場合も同時死亡が推定されます。同時に死亡した場合には死亡者の間には相続は生じませんから、父Aと子Bの間には相続は生じませんが、Bの子Cがいる場合には、Cは、Bに代わってA（Cの祖父）を代襲相続することができます。

被相続人A（例えば、父A）

↓

被代襲者B（例えば、子B）	①Aの死亡以前の死亡 ②相続欠格 ③相続廃除 により相続資格のない場合

↓

代襲者（代襲相続人）C（例えば、Bの子でAの孫）

2　被代襲者（推定相続人）の範囲と代襲者（代襲相続人）の範囲

(1)　被代襲者（推定相続人）の範囲は、①被相続人の子と、②被相続人の兄弟姉妹に限られます。被相続人の配偶者や被相続人の直系尊属（父母、祖父母）には代襲相続は認められません。被代襲者となるべき①被相続人の子や②被相続人の兄弟姉妹が、相続放棄をした場合には、代襲相続は発生しません。

(2)　代襲者（代襲相続人）の範囲は、①被代襲者（推定相続人）の子で、被相続人の直系卑属（被相続人の孫や曾孫）と、②被代襲者（推定相続人）である兄弟姉妹の子（被相続人の甥と姪）に限られます。昭和55年の民法改正前は兄弟姉妹の直系卑属（子、孫、曾孫など）とされていましたが、改正により兄弟姉妹の子（被相続人の甥と姪）に制限されました。

①　被代襲者が被相続人の子の場合……被代襲者の子で被相続人の直系卑属（被相続人の孫や曾孫）

②　被代襲者が被相続人の兄弟姉妹の場合……被代襲者である兄弟姉妹の子（被相続人の甥と姪に限る）

(3) 被代襲者が被相続人の子の場合は、次の通りとなります。
　① この場合の代襲者は、被代襲者の子であって被相続人の直系卑属（孫や曾孫）となります。従って、養子縁組前に生まれた養子の子は、養親との間に親族関係がなく被相続人の直系卑属ではないので、養子を代襲して養親の代襲相続人にはなれません（民法887条2項）。
　② 代襲者について代襲原因（死亡、欠格、廃除）が発生した場合は、その子（被相続人の曾孫）が更に代襲相続をします。これを「再代襲」といいます。例えば、父Ａ、子Ｂ、Ｂの子Ｃ、Ｃの子Ｄがいる場合に、父Ａの死亡時点で子ＢもＢの子Ｃ（Ａの孫）も死亡していた場合には、Ｃの子Ｄ（Ａの曾孫）が代襲相続をします（民法887条3項）。

(4) 被代襲者が被相続人の兄弟姉妹の場合は、次の通りとなります。
　① この場合の代襲者は、被代襲者である兄弟姉妹の子（被相続人の甥と姪）に限られます（民法889条2項）。例えば、被相続人ＡのＢがＡの死亡時点で既に死亡していた場合は、Ｂの子Ｃ（被相続人の甥）がＢに代わって相続することができます。この場合にＣも既に死亡している場合は、Ｃの子Ｄがいても再代襲はできません。被代襲者が被相続人の子の場合とは異なり再代襲はできないのです。
　② この場合の代襲者は、相続資格を失った兄弟姉妹の子であると同時に被相続人の血族（傍系卑属）であることが必要です。従って、養子縁組前に生まれた養子の子は、養親の他の子との間に親族関係がないので、養子を代襲して養親の他の子の遺産を代襲相続することはできません（民法889条2項）。しかし、養子Ａが死亡し、兄弟姉妹が相続人となる場合、養親Ｂの実子Ｃが養子縁組当時すでに死亡していて、Ｃの子Ｄがいる場合は、実子の子Ｄは代襲相続人となります。ＡとＤの間には法定血族関係が生じているからです。

(5) 代襲者（代襲相続人）は、被代襲者（推定相続人）が相続権を失った時点に存在している必要はなく、相続開始時に存在しておればよいのです。従って、被代襲者が相続資格を失った後、相続開始前に生まれた子（胎

児も含みます）や養子は代襲相続人となります。

3　代襲者（代襲相続人）の受ける相続分

　代襲者（代襲相続人）の受ける相続分（遺産の分け前の割合）は、被代襲者（推定相続人）に予定されていたのと同一の相続順位で、被代襲者の相続分に相当する相続分を相続します（民法901条）。複数の代襲者がいる場合には、各人の相続分は均等（平等）になります（民法900条4項）。

　例えば、父Aの子BがAの死亡前に死亡しておりBの子にC、D2人がいる場合は、Bの相続分に相当する相続分の各2分の1をC、Dが代襲相続します。

Q5 相続人の相続分は、どのようになりますか

1 相続分とは

(1) 相続分とは、同順位の相続人が複数いる場合の相続財産に対する各相続人の分け前の割合をいいます。相続分には、その決定方法の違いから、次の①指定相続分と②法定相続分とがあります。

① 指定相続分とは、被相続人の意思によって決定される相続分をいいますが、これには、(a)被相続人が遺言書によって指定する相続分と、(b)被相続人の遺言書によって相続分の指定を委託された第三者が指定する相続分があります。

② 法定相続分とは、被相続人の意思による相続分の指定のない場合（遺言書による指定のない場合）に民法の規定によって決定される相続分をいいます。

(2) 共同相続人（複数の相続人）の中に、(a)被相続人の生前に結婚のため、養子縁組のため又は生計の資本として贈与を受けた者や、(b)被相続人から遺贈（遺言による遺産の無償譲与）を受けた者がいる場合は、この特別の受益を考慮しないで他の相続人と同じ相続分を受けると不公平になります。そこで、これらの贈与や遺贈を相続分の前渡しとみて、計算上それを遺産に加算して相続分を計算することにしています（民法903条、Q6参照）。この相続分を具体的相続分ともいいます。

更に、被相続人の事業に関する労務の提供又は財産上の給付、被相続人の療養看護その他の方法によって被相続人の財産の維持又は増加について特別の寄与をした者には、その寄与分に相当する額の遺産を取得させて相続分の公平を図ることとしています（民法904条の2、Q7参照）。

2 指定相続分

(1) 指定相続分とは、被相続人の意思によって決定される相続分をいいますが、被相続人は、民法の法定相続分の規定にかかわらず、遺言書によって共同相続人（複数の相続人）の相続分を指定し、又は遺言書によって相続分の指定を第三者に委託することができます（民法902条1項本文）。遺言書による指定は、遺産の割合でする場合（例えば、被相続人の子ＡＢの2人がいる場合にＡは5分の3、Ｂは5分の2とする場合）のほか、甲土地はＡに、乙土地はＢに相続させるという指定もできます。

(2) 被相続人による相続分の指定や指定の第三者への委託は、必ず遺言書によって行う必要があります。この第三者には、公平の観点から共同相続人や包括受遺者（遺言により遺産の一定割合の遺贈を受けた者）は含まれません。

　相続分の指定の効力は、①被相続人自身が遺言書で相続分を指定した場合は、遺言が効力を生じた時点（遺言者の死亡時点）から生じますが、②相続分の指定を第三者に委託した場合は、遺言が効力を生じた後、第三者が指定をすることにより相続開始時（遺言者の死亡時点）にさかのぼって効力を生じます。

　指定相続分の効力については、相続財産に属する債務（被相続人の借金等の相続債務）は、債務者が自由に処分をすることはできませんから、遺言書によって債務の相続分の指定があっても、その指定の効力は債務には及ばず、債権者は、法定相続分に従って各共同相続人に対して請求することができると解されています。例えば、相続人である子Ａ、Ｂ、Ｃがいる場合に、Ａのみに相続債務を負担させる遺言があっても、債権者はＡ、Ｂ、Ｃの3人に法定相続分に従って請求することができるのです。

(3) 相続分の指定は、民法の遺留分（被相続人の兄弟姉妹以外の相続人のために法律上確保される最低限度の分け前の割合）の規定に反することはできないとされています（民法902条1項但書）。しかし、遺留分の規定に反する相続分の指定があった場合でも、当然に遺言書が無効となるのではなく、遺留分を侵害された者（遺留分権利者）が侵害を受けた限度で他の共同相続人の相続分の減殺（減らすこと）を請求することができるだけであ

ると解されています（Q8参照）。

(4) 被相続人が遺言書で共同相続人の中の一部の者についてだけ相続分を指定し又は指定の委託を受けた第三者が一部の者だけの相続分の指定をした場合は、指定のなかった相続人の相続分は、法定相続分の規定によって決められます（民法902条2項）。例えば、被相続人の子ＡＢＣの3人の相続人がいる場合に遺言書でＡの相続分を2分の1と指定していた場合は、ＢとＣは、残りの2分の1の半分の各4分の1ずつ相続することになります（民法900条4号）。

(5) 遺言書で相続分の指定を受けた相続人であっても相続放棄をすることができますが、相続分の指定を受けた者の一部が相続放棄をした場合は、相続分の指定の全部が無効となるのではなく、放棄をした者に対する相続分の指定だけが無効となり、その他の相続人の相続分の指定に変更は生じません。ただ、放棄をした者の相続分を他の相続人の相続分の指定の割合に応じて計算することになります。

3　法定相続分の割合

(1) 法定相続分とは、被相続人の遺言書で相続分の指定がない場合の民法の規定する相続分をいいます。同順位の共同相続人の相続分は原則として均等とされますが、相続人となる順位によって次の通り共同相続人間には差が生じます。配偶者は、常に相続人となりますが、血族相続人は①子、②直系尊属、③兄弟姉妹の順位に従って相続人となります（民法900条）。

① 第1順位の「子と配偶者が相続人となる場合」は、子が2分の1、配偶者が2分の1
② 第2順位の「直系尊属と配偶者が相続人となる場合」は、直系尊属が3分の1、配偶者が3分の2
③ 第3順位の「兄弟姉妹と配偶者が相続人となる場合」は、兄弟姉妹が4分の1、配偶者が4分の3
④ 同順位の子・直系尊属・兄弟姉妹が複数いる場合は、各人の相続分

は均等（平等）となります。
⑤　子には嫡出子（法律上の婚姻関係のある男女の子）のほか、非嫡出子（法律上の婚姻関係のない男女の子）も含まれます。旧民法では非嫡出子の相続分は嫡出子の2分の1とされていましたが、最高裁で憲法違反とされ、平成25年9月5日以後に開始した相続については双方の相続分は均等とされました。
⑥　子には実子（親と血縁関係のある子）のほか養子（養子縁組により子となった者）も含まれます。子には胎児（母の胎内にある出生していない子）も含まれますが、胎児は相続については既に生まれたものとみなされます。
⑦　父母の一方のみを同じくする兄弟姉妹の相続分は、父母の双方を同じくする兄弟姉妹の相続分の2分の1となります。
⑧　推定相続人（相続開始の場合に相続人となるべき被相続人の子と兄弟姉妹）が相続開始以前に(a)死亡、(b)相続欠格又は(c)相続人廃除によって相続資格を失った場合は、推定相続人の子の直系卑属又は兄弟姉妹の子が推定相続人に代わって（代襲して）相続人となります（Q4参照）。

(2)　民法の法定相続分による相続は、次の通りとなります。
①　配偶者Aと子BCの合計3人の相続人がいる場合
　　配偶者Aの相続分……全体の2分の1
　　子Bの相続分……全体の4分の1（2分の1の2分の1）
　　子Cの相続分……全体の4分の1（2分の1の2分の1）

②　配偶者Aと被相続人の養父母BCと実母Dの合計4人の相続人がいる場合
　　配偶者Aの相続分……全体の3分の2
　　養父Bの相続分……全体の9分の1（3分の1の3分の1）
　　養母Cの相続分……全体の9分の1（3分の1の3分の1）
　　実母Dの相続分……全体の9分の1（3分の1の3分の1）

③　配偶者Aと父母の双方を同じくする被相続人の弟Bと父母の一方の

みを同じくする妹Cの合計3人の相続人がいる場合
配偶者Aの相続分……全体の4分の3
弟Bの相続分……全体の12分の2　（1/4×2/（2+1）=2/12）
妹Cの相続分……全体の12分の1　（1/4×1/（2+1）=1/12）

④　配偶者Aと子Bと子Cの子D（このDは被相続人の養子）の合計3人の相続人がいる場合
配偶者Aの相続分……全体の2分の1
子Bの相続分……全体の6分の1　（2分の1の3分の1）
子Cの子Dの相続分……全体の6分の1　（2分の1の3分の1）
養子Dの相続分……全体の6分の1　（2分の1の3分の1）
（上記のDは、Cの直系卑属の代襲相続人の地位と養子の地位の二重の地位を有するので、代襲相続人と養子の双方の相続分を取得します）

(3)　代襲相続人（代襲者）の相続分は、推定相続人（被代襲者）が受けるはずであった同一順位で、推定相続人の相続分に相当する相続分を相続します。同一順位の複数の代襲相続人がいる場合は、各人の相続分は均等（平等）になります（民法901条）。例えば、次の通りです。
①　子Yの子A、子Zの子B、Cの合計3人が代襲相続人となる場合
Aの相続分……全体の2分の1　（Yの相続分と同じ）
Bの相続分……全体の4分の1　（Zの相続分の2分の1）
Cの相続分……全体の4分の1　（Zの相続分の2分の1）
②　配偶者A、兄B、弟C、姉Dの子E、Fの合計5人が相続人となる場合
Aの相続分……全体の4分の3
Bの相続分……全体の12分の1　（1/4×1/3=1/12）
Cの相続分……全体の12分の1　（1/4×1/3=1/12）
Eの相続分……全体の24分の1　（1/4×1/3×1/2=1/24）
Fの相続分……全体の24分の1　（1/4×1/3×1/2=1/24）

Q6 特別受益者とは、どういうことですか

1 特別受益者とは

(1) 特別受益者とは、共同相続人（複数の相続人）の中の①被相続人から遺贈（遺言による遺産の無償譲与）を受けたり、②被相続人の生前に婚姻・養子縁組のため又は生計の資本として被相続人から贈与を受けた者をいいます（民法903条1項）。これらの受益を考慮しないで相続分を計算したのでは不公平になることから特別受益者の相続分の計算方法が定められているのです。

(2) 特別受益の範囲は、次の通りとされています（民法903条1項）。
① 被相続人から受けた遺贈（遺言による遺産の無償譲与）
② 被相続人から生前に(a)婚姻のため、(b)養子縁組のため、(c)生計の資本として受けた贈与

上記①の遺贈は、その目的を問わず、すべて特別受益とされます。

上記②の生前に受けた贈与は、すべての贈与ではなく、(a)(b)(c)の贈与に限られます。婚姻・養子縁組のための贈与とは、例えば、持参金や支度金を意味し結納や挙式費用は含まれないと解されています。生計の資本としての贈与とは、例えば、農業に従事する長男に農地を贈与したり、商売を始める次男に開業資金を贈与するような場合です。

(3) 特別受益となる贈与の評価額は、受贈者（贈与を受けた者）の行為によって贈与された財産が滅失し、又はその価格の増減があった場合でも、相続開始の時点においてなお原状のままであるものとみなして評価をします（民法904条）。例えば、受贈者が贈与された建物を取り壊したり他人に売却した場合でも、贈与当時の状態のままであるとみなして評価をします。

生前贈与の評価の基準時は相続開始の時となりますから、例えば、贈与を受けた当時に2000万円の土地が相続開始時に5000万円であれば5000万円と評価します。金銭の贈与の場合は贈与当時の金額を相続開始の時の貨幣価値に換算した金額で評価をします。

2　特別受益者の具体的な相続分の計算方法

(1)　特別受益者の具体的な相続分の計算方法は、被相続人が相続開始時に有した財産の価額に贈与の価額を加えたものを相続財産とみなし、遺言のある場合の指定相続分又は遺言のない場合の法定相続分によって計算した相続分の中から遺贈又は贈与の価額を控除した残額をその特別受益者の相続分とします（民法903条1項）。次の計算式によります。

> （被相続人の相続開始時の財産の価額＋特別受益の贈与の価額）×特別受益者の指定相続分又は法定相続分－特別受益の贈与・遺贈の価額＝特別受益者の具体的相続分

　（被相続人の相続開始時の財産の価額＋特別受益の贈与の価額）を「みなし相続財産」といいますが、相続開始時の財産に加算するのは贈与のみで、遺贈は相続開始時の財産に含まれていますから加算しません。

(2)　特別受益者の具体的相続分の計算例は次の通りです。例えば、遺言をしていない被相続人が預金1億円を残して死亡し、相続人に配偶者A、子B、C、Dがいて、Dには生前に特別受益の2千万円の贈与をしていた場合は次の通りとなります。
　　　Aの相続分……6000万円＝（1億円＋2000万円）×1/2
　　　Bの相続分……2000万円＝（1億円＋2000万円）×1/2×1/3
　　　Cの相続分……2000万円＝（1億円＋2000万円）×1/2×1/3
　　　Dの相続分……0円＝［（1億円＋2000万円）×1/2×1/3］－2000万円

(3)　特別受益者の相続分を計算した結果、①特別受益者の相続分が特別受益額より多い場合は、その差額が特別受益者の相続分となります。しか

し、②特別受益額が相続分の額と等しい場合や③特別受益額が相続分の額を超える場合は、特別受益者は、その相続分を受けることはできません（民法903条2項）。

　特別受益額が特別受益者の相続分の額を超える場合でも、超えた額を他の相続人に返還する必要はありません。民法に返還義務の規定はなく、返還義務を認めたとしても、相続人が相続放棄をすればこれを免れることができるからです。

(4)　特別受益者の相続分の計算上では、被相続人の相続開始時の財産に特別受益額を戻して計算しますが（これを「持戻し」といいます）、被相続人が異なった意思表示をした場合には持戻しを免除することもできます。例えば、農業後継者の長男に農地全部を相続させて、農地の分割をさせない場合があります。その結果、遺留分を侵害された者は遺留分の減殺請求をすることができます。

　特別受益者が相続分を受けることができない場合であっても、相続人ですから相続財産中の債務（借金のような相続債務）については他の相続人と同様に債務を承継することになります。しかし、相続放棄をした場合は、その被相続人に関しては初めから相続人とならなかったものとみなされますから債務を承継することはありません。

Q7 寄与者とは、どういうことですか

1 寄与者とは

(1) 寄与者とは、共同相続人（複数の相続人）の中で、①被相続人の事業に関する労務の提供又は財産上の給付、②被相続人の療養看護、③その他の方法によって、被相続人の財産の維持又は増加について特別の寄与をした者をいいます（民法904条の2）。

　このような特別の寄与をした者に対しては、指定相続分又は法定相続分のほかに特別の寄与に相当する額（寄与分）の財産を取得させて共同相続人間の公平を図ることにしているのです。

(2) 寄与分を受けることができる者（寄与分権利者）は、相続人に限られていますから、相続人でない者（例えば、内縁の妻、養子縁組届のない養子、長男の妻）は、特別の寄与があっても寄与分を受けることはできません。相続欠格者や相続人の廃除をされた者も、相続人にはなりませんから、特別の寄与があって寄与分を受けることはできません。

2 特別の寄与の範囲

(1) 特別の寄与とされるのは、次の行為によって被相続人の財産の維持又は増加について特別の寄与をした場合に限られます（民法904条の2）。
　① 被相続人の事業に関する労務の提供又は財産上の給付
　② 被相続人の療養看護
　③ その他の方法

　上記①の事業には、農林漁業、製造業、小売業その他の営利事業のほか医師、弁護士のような営利を目的としない業務も含みます。財産上の給付とは、事業についての資金や資産を提供したり被相続人の借金を弁済したような場合をいいます。

上記②の療養看護とは、自ら看病したり自らの費用で付添婦を派遣し被相続人が費用の負担を免れたような場合をいいます。家族としての当然の療養看護は含まれませんが、②の療養看護との区別は困難です。最終的には裁判所の判断によります。

　　上記③のその他の方法には制限はありませんが、精神的な支援や通常の寄与は除かれます。例えば、夫婦間の扶助協力義務の履行、親に対する扶養義務の履行、配偶者の通常の家事労働は、通常の寄与に過ぎず、寄与分の対象とはなりません。

(2)　寄与分の額は、被相続人が相続開始時点で有した財産の価額から遺贈（遺言による遺産の無償譲与）の価額を控除した残額を超えることはできません（民法904条の2第3項）。被相続人が遺言で遺贈をしていた場合は、寄与分よりも遺贈が優先するのです。寄与分が他の相続人の遺留分（被相続人の兄弟姉妹以外の相続人のために法律上確保される最低限度の分け前の割合）を侵害する場合でも、寄与分を遺留分による減殺請求の対象とすることはできません（民法1031条）。

(3)　寄与分を決定するには、先ず①共同相続人（複数の相続人）の間の協議によって決定しますが、②その協議が調わない場合又は協議をすることができない場合には家庭裁判所の家事調停手続又は家事審判手続により決定します（民法904条の2第2項）。家事調停が不成立の場合に家事審判の手続に移行しますから、寄与分を定める家庭裁判所の処分については、先ず家庭裁判所へ家事調停の申立をします。家庭裁判所は、寄与をした者の請求によって、寄与の時期、方法及び程度、相続財産の額その他一切の事情を考慮して寄与分を定めます。

3　寄与者の具体的な相続分の計算方法

(1)　寄与者の具体的な相続分の計算方法は、被相続人が相続開始時点に有していた財産の価額から寄与分を控除したものを相続財産とみなして、遺言のある場合の寄与者の指定相続分又は遺言のない場合の寄与者の法定相続分を乗じて寄与者の相続分を計算し、これに寄与分の価額を加え

た額が寄与者の具体的な相続分となります（民法904条の2第1項）。計算式は次の通りとなります。

> （被相続人の相続開始時の財産の価額－寄与分の価額）×寄与者の指定相続分又は法定相続分＋寄与分の価額＝寄与者の具体的相続分

　例えば、遺言をしていない被相続人が1億円の預金を残して死亡し、相続人に配偶者A、子B、C、Dがいて、Dの寄与分が1000万円とされた場合は、次の通りとなります。
Aの相続分……4500万円＝（1億円－1000万円）×1/2
Bの相続分……1500万円＝（1億円－1000万円）×1/2×1/3
Cの相続分……1500万円＝（1億円－1000万円）×1/2×1/3
Dの相続分……2500万円＝（1億円－1000万円）×1/2×1/3＋1000万円

(2)　共同相続人（複数の相続人）の中に、①特別受益者と②寄与者の両方がいる場合には、特別受益者と寄与者の各「みなし相続財産」は、「被相続人の相続開始時の財産の価額＋特別受益の贈与の価額－寄与分の価額」となります。特別受益者と寄与者の各相続分は、次の通り計算します。

> ①　特別受益者の相続分＝（被相続人の相続開始時の財産の価額＋特別受益の贈与の価額－寄与分の価額）×特別受益者の指定相続分又は法定相続分－特別受益の贈与・遺贈の価額
> ②　寄与者の相続分＝（被相続人の相続開始時の財産の価額＋特別受益の贈与の価額－寄与分の価額）×寄与者の指定相続分又は法定相続分＋寄与分の価額

　特別受益者と寄与者の「みなし相続財産」は、「被相続人の相続開始

時の財産の価額＋特別受益の贈与の価額－寄与分の価額」となりますから、各人の指定相続分又は法定相続分を乗じて、次の通り①特別受益者では特別受益額を控除し、反対に②寄与者では寄与分の価額を加算します。

> 「（被相続人の相続開始時の財産の価額＋特別受益の贈与の価額－寄与分の価額）×各人の指定相続分又は法定相続分」－特別受益額（又は＋寄与分の価額）

Q8 遺留分とは、どういうことですか

1 遺留分とは
(1) 遺留分とは、被相続人の兄弟姉妹以外の相続人（被相続人の①配偶者、②子、③直系尊属）のために法律上確保される最低限度の分け前の割合をいいます。相続人全体の遺留分は、(a)遺留分を有する者が直系尊属のみの場合は被相続人の財産の3分の1、(b)その他の場合（配偶者、子の場合）は被相続人の財産の2分の1とされています（民法1028条）。遺留分の制度は、被相続人の贈与や遺贈のような財産の自由な処分を制限して、相続人の生活の安定や相続人間の遺産の公平な分配を実現する制度です。

遺留分の割合は兄弟姉妹以外の相続人によって次の通りとなりますが、各人の取得分は法定相続分の割合によります。兄弟姉妹には遺留分はありません。

(a) 相続人が直系尊属（例えば、父母、祖父母）だけの場合は、遺産の3分の1

(b) その他の場合（子だけ、配偶者だけ、子と配偶者など）は、遺産の2分の1

例えば、相続人に配偶者と子A、B二人がいる場合は次の通りとなります。

配偶者は遺産の1/2×1/2=1/4
子Aは遺産の1/4×1/2=1/8
子Bは遺産の1/4×1/2=1/8

(2) 遺留分を侵害する被相続人の財産の処分（生前の贈与、遺言による遺贈、死亡により効力を生ずる死因贈与）は、当然に無効となるものではなく、遺留分を侵害された者が遺留分の確保に必要な限度で他の共同相続人に対する贈与や遺贈の減殺（減らすこと）の請求をすることができるに過ぎ

ません（民法1031条）。この減殺の請求のできる権利は、一定期間の経過により消滅します（民法1042条）。

2 遺留分権利者

(1) 遺留分権利者とは、遺留分を有する者（被相続人の兄弟姉妹以外の相続人）をいいます。遺留分権利者は、①配偶者、②子（子の範囲はＱ５の３の(1)）、③直系尊属（例えば、父母、祖父母）となります。子には、子の代襲者（例えば、被相続人の孫や曾孫）も含まれますし、胎児も相続に関しては既に生まれたものとみなされますから、被相続人の子として遺留分権利となります（民法886条）。

(2) 遺留分権利者は、相続人に限られますから、①相続欠格、②相続人の廃除、③相続放棄によって相続権を失った者は、遺留分権利者となりません。ただし、相続欠格又は相続人の廃除の場合は、代襲相続人（例えば、被相続人の孫）が遺留分権利者となります。相続放棄の場合は代襲相続が開始しないので、次順位相続人が遺留分権利者となります。例えば、子や子の代襲者がいる場合は直系尊属が遺留分権利者とはなりませんが、配偶者は常に遺留分権利者となります。包括受遺者（遺産の一定割合の遺贈を受けた者）は、相続人と同一の権利義務を有しますが、相続人ではないので遺留分権利者となりません。

　被相続人の配偶者、子、直系尊属であれば、遺留分の侵害行為があった後に、これらの身分上の地位を取得した者でも、遺留分権利者となります。例えば、遺留分の侵害行為があった後に出生した子も遺留分権利者となります。

3 遺留分の割合

(1) 遺留分の割合は、①遺留分権利者（兄弟姉妹以外の相続人）が誰であるかによって相続財産全体に占める遺留分の割合が定められており（民法1028条）、②遺留分権利者が複数いる場合には法定相続分の割合によって各遺留分権利者の遺留分の割合が決められます。

　相続財産全体に占める遺留分権利者に留保される遺留分の割合は、①

遺留分権利者が直系尊属（例えば、被相続人の父母、祖父母）だけの場合は、被相続人の財産の3分の1、②その他の場合（例えば、子だけの場合、配偶者だけの場合）には2分の1とされています。

ア　遺留分権利者が直系尊属だけの場合　　被相続人の財産の3分の1
イ　遺留分権利者が子又は子の代襲者だけの場合　　被相続人の財産の2分の1
ウ　遺留分権利者が配偶者だけの場合　　被相続人の財産の2分の1
エ　遺留分権利者が配偶者と子又は子の代襲者の場合　　被相続人の財産の2分の1
オ　遺留分権利者が配偶者と直系尊属の場合　　被相続人の財産の2分の1

(2)　遺留分権利者が複数いる場合は、上記（1）の相続財産全体に占める遺留分権利者に留保される遺留分の割合に法定相続分を乗じた割合が各人の遺留分となります。
　①　被相続人の父母だけの場合は、各6分の1　（1/3×1/2=1/6）
　②　被相続人の配偶者A、子B、Cがいる場合
　　　Aの遺留分……4分の1　　（1/2×1/2=1/4）
　　　Bの遺留分……8分の1　　（1/2×1/2×1/2=1/8）
　　　Cの遺留分……8分の1　　（1/2×1/2×1/2=1/8）
　③　被相続人の配偶者A、母Bがいる場合
　　　Aの遺留分……6分の2　　（1/2×2/3=2/6）
　　　Bの遺留分……6分の1　　（1/2×1/3=1/6）

4　遺留分の額の算定

(1)　遺留分の額の算定は、被相続人が相続開始時点において有した財産の価額に、その贈与した財産の価額を加えた額から債務の全額を控除して算定します（民法1029条1項）。控除する債務には、借金のような私法上の債務のほか、租税債務のような公法上の債務も含まれます。被相続人が相続開始時点において有した財産とは、祭祀財産（例えば、位牌、仏壇、墓）と被相続人の一身専属権（例えば、扶養請求権、生活保護受給権）を除

いた、一切の積極財産（プラスの財産）をいいます。

　遺留分算定の基礎となる財産の価額=「被相続人が相続開始時点において有していた財産の価額」＋「贈与をした財産の価額」－「相続債務（借金その他）の価額」

　条件付の権利（例えば、試験に合格したら特定の土地の贈与を受ける権利）や存続期間の不確定な権利（例えば、死亡するまで毎年100万円の贈与を受ける権利）の価格は、家庭裁判所の選任した鑑定人の評価に従って価格を定めます（民法1029条2項）。

(2)　遺留分の計算で算入される贈与の範囲は、次の通りとなります。
　①　相続開始前の1年間にした贈与は、すべて無条件で加算します。しかし、相続開始の1年より前にした贈与であっても、当事者双方が遺留分権利者に損害を加えることを知ってした贈与の価額も加算します（民法1030条）。例えば、友人に財産のほぼ全部を贈与したような場合です。
　②　特別受益としての贈与（民法903条の婚姻・養子縁組のため又は生計の資本としての贈与）は、相続開始より1年前であるか否かを問わず、損害を加える認識の有無を問わず、贈与の範囲に算入します。
　③　負担付贈与の価額は、その目的の価額の中から負担の価額を控除した価額を贈与として加算します（民法1038条）。例えば、相続人Aが、被相続人から相続開始1年内に1000万円の土地の贈与を受けた際に、被相続人の債務200万円をAが支払った場合は、800万円を贈与の価額として算入します。
　④　不相当な対価をもってした有償行為（例えば、被相続人が相続人の一人に時価の半額で土地を売った場合）は、当事者双方が遺留分権利者に損害を加えることを知ってしたものに限り贈与とみなします（民法1039条）。
　⑤　遺留分の計算で算入される贈与の価額は、受贈者（贈与を受けた者）の行為によって贈与の目的の財産が滅失し、又はその価格の増減があった場合でも、相続開始当時なお原状のままであるものとみなして計算します（民法1044条・904条）。

⑥　遺贈（遺言による遺産の無償譲与）の目的の財産は、相続開始時の相続財産に含まれているので加算をしません。死因贈与（被相続人の死亡により効力の生じる贈与）についても加算をしません。

5　遺留分減殺請求権

(1)　遺留分減殺請求権とは、遺留分の侵害がある場合に遺留分権利者（遺留分を有する者）とその承継人（例えば、遺留分権利者の相続人）が自分の遺留分を確保するのに必要な限度で贈与や遺贈の減殺（減らすこと）を請求する権利をいいます。遺留分の侵害がある場合とは、現実に相続をした額が遺留分の額に達しない状態をいいます。

　　遺留分減殺請求権は、相続が開始しない限り発生しませんから、被相続人の生前贈与が遺留分を侵害することが明白である場合であっても、被相続人の生前に遺留分減殺請求権を行使することはできません。

(2)　遺留分減殺請求権の性質は、形成権（権利者の一方的な意思表示によって現存の法律関係の変動を生じさせることができる権利）ですから、遺留分権利者が遺留分を侵害する贈与や遺贈を受けた者に対して減殺（減らすこと）の請求の意思表示をすれば、遺留分侵害行為の効力は消滅して贈与や遺贈の目的物に対する権利は、当然に遺留分権利者に復帰するのです。

　　遺留分減殺請求権を行使するには、意思表示のみで足り、訴えの提起をする必要はありません。実務上は、遺留分を侵害する贈与や遺贈を受けた者に対して内容証明郵便によって減殺請求をする旨の意思表示をします。例えば、被相続人である父Ａが子ＢＣの２人の相続人の中のＢだけに全遺産を相続させる旨の遺言書を作成し、Ｂが全遺産を相続した場合には、Ｃは、Ｂに対して次例のような「遺留分減殺請求書」を内容証明郵便で郵送します。

（書式例）

遺留分減殺請求書

平成○年○月○日

○県○市○町○丁目○番○号

```
　B　殿
　　　　　　　　　　　　○県○市○町○丁目○番○号
　　　　　　　　　　　　　　　A　　　（印）

私は、父Aが、Aのすべての財産を貴殿に相続させる旨の遺言書を作成
していたことを今月5日に初めて知りました。しかし、父Aの遺言書は
私の遺留分を侵害するものですから、私は、貴殿に対して、本書面をも
って遺留分の減殺の請求をします。
　　　　　　　　　　　　　　　　　　　　　　　　　　　以上
```

(3) 遺留分減殺請求権を行使することができる者は、遺留分を有する遺留分権利者とその承継人（例えば、遺留分権利者の相続人）に限られます。

　この減殺請求の相手方は、遺贈を受けた者（受遺者）又は減殺の対象となる贈与を受けた者（受贈者）とその承継人（例えば、受遺者・受贈者の相続人）となります。贈与の目的物を譲り受けた第三者や贈与の目的物に権利を設定した第三者（例えば、抵当権者）は減殺請求の相手方とはなりません。しかし、遺留分権利者に損害を与えることを知っていた場合は減殺請求の相手方となります（民法1040条1項但書）。

6　遺留分の減殺の方法と順序

(1) 遺留分減殺の方法は、一般に上例のような減殺請求の意思表示をした「遺留分減殺請求書」を減殺請求の相手方に対して内容証明郵便によって郵送をします。減殺の請求は、遺贈と減殺の対象となる贈与について、遺留分を保全する（確保する）のに必要な限度で行うことができます（民法1031条）。例えば、2000万円の遺贈によって300万円の遺留分が侵害された場合は、遺贈の中の300万円について減殺請求をして遺贈の効力を失わせます。

(2) 減殺の対象の生前の贈与と遺贈（遺言書による遺産の譲与）とが併存する場合の減殺は、次の通りとなります。

① 贈与と遺贈とが併存する場合は、贈与は、遺贈を減殺した後でなければ減殺することができません（民法1033条）。先ず①遺贈を先に減殺して、②それでも不足する場合に初めて贈与を減殺することができるのです。贈与財産は相続開始前に既に相続財産から出てしまっているからです。

② 複数の**遺贈**が併存する場合は、遺贈の目的の価額の割合に応じて減殺をします。各遺贈が対等のレベルで遺留分を侵害していると評価できるからです。ただし、遺言者が遺言書に別段の意思表示をしていた場合は、その意思に従います（民法1034条）。例えば、遺贈の目的物が名画のような分割できない場合は、遺言書で別段の意思表示をする場合があります。

③ 複数の**贈与**が併存する場合は、後の贈与から減殺し、順次、前の贈与に対して減殺して行きます（民法1035条）。先後の基準は、贈与契約成立時点とされます。同時に複数の贈与がなされた場合は、目的物の価額の割合に応じて減殺すべきであると解されています。この場合は、遺贈の減殺の場合と異なり、遺言書で異なる意思表示はできません。

7 遺留分減殺の効果

(1) 遺留分の減殺請求によって遺留分を侵害している遺贈や贈与の処分行為の効力は失われ、当然に遺留分権利者に帰属することになります。遺留分減殺請求権の性質は、形成権（権利者の一方的な意思表示によって現存の法律関係の変動を生じさせることができる権利）とされているからです。

　例えば、①遺贈や贈与がまだ履行されていない場合は、受遺者（遺贈を受けた者）や受贈者（贈与を受けた者）は履行を請求することができなくなり、減殺の意思表示だけで遺留分権利者の目的を達します。しかし、②履行を完了している場合は、遺留分権利者は、目的物の返還請求をすることになります。ただ、受贈者や受遺者は、減殺を受けるべき限度において、贈与又は遺贈の目的の価額を遺留分権利者に弁償して返還の義務を免れることができます（民法1041条）。

⑵　その他の減殺の効果は、次の通りです。
　①　減殺請求を受けた受贈者は、その返還すべき財産のほか、減殺請求があった日以後の果実（例えば、地代・家賃、利息）も返還する必要があります（民法1036条）。遺贈が減殺された場合についても、この規定が類推適用されます。例えば、遺贈が履行された後に減殺請求がなされた場合です。
　②　減殺を受けるべき受贈者の無資力によって生じた損失は、遺留分権利者の負担に帰することになります（民法1037条）。遺留分権利者は、減殺請求をした受贈者が無資力で減殺請求ができなかった場合でも、次順位の受贈者に減殺請求をすることはできません。遺贈について規定はないが、履行された遺贈についてこの規定が類推適用されます。先順位者の無資力のリスクを次順位者が負担するのは相当でないと考えられたからです。
　③　不相当な対価をもってした有償行為（例えば、被相続人の土地を相続人の一人に時価の半額で売った場合）は、当事者双方が遺留分権利者に損害を加えることを知ってしたものに限り贈与とみなして減殺請求の対象となりますが、この場合に遺留分権利者がその減殺請求をする場合は、その対価を返還する必要があります（民法1039条）。有償行為は贈与ではありませんが、一定の場合に贈与とみなしたのです。
　④　減殺を受けるべき受贈者が贈与の目的物を他人に譲り渡した場合は、遺留分権利者にその価額を弁償する必要があります。例えば、受贈者Ａが目的物を第三者Ｂに譲り渡していた場合は、ＡはＢから買い戻す必要はありませんが、Ａは遺留分権利者にその価額を弁償する必要があります。しかし、譲受人が譲渡の当時、遺留分権利者に損害を加えることを知っていた場合には、遺留分権利者は、これに対しても減殺請求をすることができます（民法1040条１項）。

8　遺留分減殺請求権の消滅
⑴　遺留分減殺請求権は、遺留分権利者が、相続の開始（被相続人の死亡）と減殺すべき贈与又は遺贈があったことを知った時から１年間行使しな

い場合は、時効によって消滅します。相続開始時から10年を経過した場合は、減殺すべき贈与や遺贈の存在を知ったか否かに関係なく遺留分減殺請求権は消滅します。10年は除斥期間(じょせき)（消滅時効と異なる法律の定める権利存続期間）と解されています。

(2)　この1年間の消滅時効は、遺留分減殺請求権そのものの消滅時効ですから、減殺請求の効果として生じた目的物の返還請求権の行使は1年経過後でもかまいません。減殺請求により取得した目的物の返還請求権は消滅時効にかかりませんから、減殺請求の相手方としては減殺請求の意思表示の後、民法162条1項の取得時効を主張できる20年間も返還請求を受けることになります。

(3)　1年間の消滅時効の起算点である「減殺すべき贈与又は遺贈があったことを知った時」とは、単に贈与や遺贈があった事実を知っただけでは足りず、遺留分が侵害され減殺できるものであることを知ったことが必要です。

　遺留分減殺請求権は、相続の放棄によっても消滅し、受贈者や受遺者の価額弁償によっても消滅します。

9　遺留分の放棄

(1)　遺留分の放棄は、相続の開始前においてもすることができますが、相続開始前の遺留分の放棄は、家庭裁判所の許可を受けた場合に限り、その効力を生じます（民法1043条1項）。相続開始前に遺留分の放棄をするには、遺留分権を有する相続人が、被相続人の住所地の家庭裁判所に「家事審判申立書」を提出します。この申立に対して「遺留分を放棄することを許可する旨の審判」があった場合に効力を生じます。相続の開始後の遺留分の放棄には家庭裁判所の許可は不要です。

　共同相続人の中の一人のした遺留分の放棄は、他の各共同相続人の遺留分に影響を及ぼしません（民法1043条2項）。遺留分は、各遺留分権利者に与えられたものですから、共同相続人の一人が遺留分を放棄しても、他の各共同相続人の遺留分が増加することはありません。被相続人の自

由に処分できる遺産が増加するだけのことです。

(2)　遺留分の放棄の性質は、遺留分を主張しないという一方的な意思表示であり、遺留分減殺請求権の放棄を意味します。遺留分の放棄と相続の放棄とは異なりますから、遺留分を放棄しても相続人でなくなることはありません。相続の開始前に遺留分の放棄をした相続人も、遺言書のない限り法定相続分に従って相続をすることができます。

Q9 相続人がいるかどうか不明の場合は、どうするのですか

1 相続人がいるかどうか不明の場合（相続人の不存在）

(1) 相続人がいるかどうか不明の場合とは、ある人について相続が開始したにもかかわらず、その相続人があることが明らかでない場合をいいます。相続人のあることが明らかでない場合は、相続財産は法人（人間以外で権利義務の主体となれるもの）とされ、家庭裁判所の選任した相続財産管理人が相続人を捜し、相続人の不存在が確定した場合は、特別縁故者への財産分与を経て、残余があれば国庫に帰属します（民法951条～959条）。

相続人のあることは明らかであるが、相続人が行方不明であるとか生死不明である場合は含まれません。これらの場合には、民法の不在者の制度（民法25条）や失踪宣告の制度（民法30条）で処理されます。

(2) 相続人がいるかどうか不明の場合には、次の手順で相続人の捜索をし相続財産の管理や清算をします。

相続開始による相続財産法人の成立
① 相続人が判明した場合には法人は成立しなかったものとみなされます。
② 相続財産は初めから相続人に属していたものとして扱われます。

↓

家庭裁判所による相続財産管理人の選任と公告
① 利害関係人（例えば、親族）又は検察官の請求によって選任されます。
② 公告（官報掲載）をして2か月以上相続人の申出を待ちます。

↓

52　第1章●相続の仕組みと相続人の範囲

> **相続財産管理人による債権申出の公告**
> ① 2か月以上の期間を定めて債権者等に債権の申出の公告をします。
> ② 期間内に申出のない場合は清算から除外されることを明記します。

↓

> **家庭裁判所による権利の主張の催告の公告**
> ① 相続財産管理人又は検察官から家庭裁判所に請求をします。
> ② 権利主張の期間は6か月以上とされます。

↓

> **特別縁故者への財産分与・国庫又は他の共有者への帰属**
> ① 相続人としての権利を主張する者がない場合は次の通りとなります。
>   ア 単独所有物は、先ず特別縁故者に分与し残余は国庫に帰属します。
>   イ 共同所有物は、先ず特別縁故者に分与し残余は他の共有者に帰属します。
> ② 公告期間満了後に相続人が出現しても権利を主張できません。

2 特別縁故者に対する相続財産の分与

(1) 相続人の不存在が確定した場合において、家庭裁判所は、相当と認める場合に、①被相続人と生計を同じくしていた者、②被相続人の療養看護に努めた者、③その他の被相続人と特別の縁故のあった者の請求によって、これらの者に相続財産の清算後に残存すべき相続財産の全部又は一部を与えることができます。これらの者からの請求は、最後の公告期間6か月以上の期間満了後3か月以内にする必要があります（民法958条の3）。

(2) 特別縁故者とは、次の①被相続人と生計を同じくしていた者、②被相続人の療養看護に努めた者、③その他の被相続人と特別の縁故のあった

者をいいます。特別養護老人ホームのような法人その他の団体も特別縁故者になれます。
① 被相続人と生計を同じくしていた者とは、被相続人と家計を同じくして生活していた者をいい、例えば、内縁の配偶者（婚姻届を提出していない妻又は夫）、養子縁組届をしていない事実上の養子をいいます。
② 被相続人の療養看護に努めた者とは、被相続人に対して献身的に療養看護に尽くした者をいいます。同居をしていた者の場合が多いものの、同居をしていない者が該当する場合もあります。対価を得て療養看護をしていた者は、通常は該当しません。
③ その他の被相続人と特別の縁故のあった者とは、上記の①又は②に準ずる程度の密接な縁故関係にあった者をいいます。単なる親族や近隣者として通常の交際をしていたに過ぎない者は、特別縁故者に該当しません。特別縁故者と認められた事例としては次の例があります。
　ア　被相続人が生前住職であった寺（宗教法人）
　イ　被相続人が死亡前37年間代表者をしてきた学校法人
　ウ　被相続人が生活しそこで死亡した養護老人ホーム

第 2 章●
遺産の範囲と遺産分割

Q10 遺産の範囲は、どのようになりますか

1 遺産（相続財産）とは

(1) 遺産（相続財産）とは、相続開始時点（被相続人の死亡時点）の被相続人の財産に属した一切の権利と義務をいいます。ただし、①被相続人の一身に専属したもの（例えば、親の権利、扶養請求権、生活保護受給権）と②祭祀財産（例えば、位牌・仏壇のような祭具、墓）は相続の対象とする遺産から除かれます（民法896条・897条）。

遺産（相続財産）には、(a)被相続人の所有していた土地、建物、現金、預金、株式、宝石その他の積極財産（プラスの財産）のほか、(b)被相続人の借金、租税債務のような消極財産（マイナスの財産）も含まれます。

被相続人の死亡を原因とするものの、相続ではなく契約や法律の規定に基づいて相続人が固有に取得する権利（例えば、会社の規則に規定された者に支給される死亡退職金、生命保険契約による生命保険金、法律に規定する遺族年金）は、遺産ではないので相続とは無関係です。

(2) 祭祀財産（系譜、祭具、墳墓）は、遺産の範囲に含まれず、祖先の祭祀を主宰すべき者が承継します（民法897条）。系譜とは、家系図、過去帳その他の祖先以来の系統を示すものをいいます。祭具とは、位牌、仏壇、仏具、神棚その他の祭祀礼拝の用に供するものをいいます。墳墓とは、墓石、墓碑のほか墓地の所有権や墓地使用権も含まれます。

祖先の祭祀を主宰すべき者は、次の順序で決定します。

① 先ず、被相続人が生前に指定した者又は遺言で指定した者がなります。親族でなくてもよいし、遺言による必要もありません。

② 被相続人の指定した者がいない場合は、その地方の慣習に従って決定します。

③ 慣習が不明の場合は、家庭裁判所の調停又は審判によって決定しま

す。

　祭祀財産の承継は、相続による承継ではありませんから、相続放棄をした相続人でも祭祀財産の承継は可能です。祖先の祭祀を主宰すべき者の資格に制限はありませんから、相続人でなくてもかまいません。

2　遺産の範囲

(1)　遺産の範囲には、相続開始時点（被相続人の死亡時点）での①相続人の一身専属権（例えば、扶養請求権、生活保護受給権）と②祭祀財産（例えば、位牌、仏壇）を除いて、被相続人の財産に属した一切の権利と義務が含まれます。

　遺産は被相続人の死亡の瞬間に被相続人に帰属していた一切の権利と義務が包括的に（全部ひっくるめて）相続人に承継されます。相続人が相続の開始（被相続人の死亡）を知っていたか否かとは関係なく承継するのです。

(2)　相続人が複数いる場合は、遺産は共同相続人（複数の相続人）の共有（共同所有）となります（民法898条）。共有とは、複数の者が1個の所有権を量的に分有する所有形態をいいますが、各共有者の有する持分（権利）は各共有者が自由に処分をすることができます。

　共同相続人（複数の相続人）の共有の持分を相続分といいますが、各共同相続人は、その相続分に応じて被相続人の権利と義務を包括的に承継するのです（民法899条）。

　各共同相続人は、相続開始時点から遺産分割までの間に自分の相続分（持分）を第三者に譲渡することができます。共同相続人の一人が遺産分割前に自分の相続分を第三者に譲り渡した場合は、他の共同相続人は、譲渡の時から1カ月以内に、その価額と費用を償還して、その相続分を譲り受けることができます（民法905条）。これを相続分の取り戻しといいます。例えば、相続人である子A、B、Cの中のAが第三者に対してAの相続分を譲渡した場合は取り戻すことができます。取り戻し権の行使により譲受人の承諾を必要とせずに取り戻しの効果が発生します。第三者が遺産分割に加わると遺産分割の円滑な進行が妨げられるおそれが

あるからです。相続分の譲渡は、他の共同相続人に対する譲渡も認められますが、第三者の場合と異なり、相続分の取り戻しはできません。例えば、相続人Ａ、Ｂ、ＣのうちＡが相続分をＢに譲渡した場合です。

　共同相続人の一人が特定の不動産の持分を第三者に譲渡した場合は、他の共同相続人はこの場合の持分を取り戻すことはできません。相続分は、特定不動産の持分とは異なるからです。例えば、特定の土地の共有持分を第三者に売り渡した場合は、持分取り戻しはできません。相続分の取り戻しは、特定土地の所有権の共有持分のような持分の取り戻しとは異なるからです。

(3)　債権の共同相続については可分債権と不可分債権により次の通り異なります。
　①　金銭債権のような可分債権は、相続分に応じて法律上当然に分割され、各共同相続人は、その相続分に応じて承継します。例えば、被相続人が1,200万円の貸金債権を有しており、相続人に配偶者Ａ、子Ｂ、Ｃがいた場合は、それぞれ単独で次の通り返還請求をすることができます。
　　配偶者Ａ……600万円　　（1200万円の2分の1）
　　子Ｂ……300万円　　（1200万円の2分の1の2分の1）
　　子Ｃ……300万円　　（1200万円の2分の1の2分の1）
　②　自動車1台の引渡請求権のような不可分債権は、共同相続人全員に不可分的に帰属しますから、共同相続人の全員が共同して又は各人が全員のために履行を請求することになります。

(4)　債務の共同相続については可分債務と不可分債務により次の通り異なります。
　①　金銭債務のような可分債務は、可分債権の場合と同様に、相続分に応じて法律上当然に分割されて各共同相続人に帰属します。
　②　自動車1台の引渡債務のような不可分債務は、共同相続人全員に不可分的に帰属しますから、各共同相続人が全部について履行の責任を負います。

③　連帯債務者（複数の債務者が同一の給付を目的とする債務を各自独立して負担し、債務者の一人が履行すれば債務者全員の債務が消滅する債務の債務者）の一人である被相続人が死亡した場合は、各共同相続人は、被相続人の債務の分割されたものを承継し、各自その承継した範囲で本来の債務者とともに連帯債務者となります。

3　遺産の範囲が問題となる事例

(1)　生命保険金は、その保険契約で誰を受取人に指定しているかによって次の通り異なります。

①　被相続人が自分を被保険者（死亡に保険を付した者）とし、受取人を共同相続人の中の特定の者（例えば、妻）と指定していた場合は、受取人に指定されていた者が生命保険金請求権を取得しますから、遺産の範囲に含まれません。受取人を共同相続人以外の第三者Ａと指定していた場合も、Ａが生命保険金請求権を取得しますから、遺産の範囲に含まれません。

②　被相続人が自分を被保険者とし、受取人を自分にしていた場合は、共同相続人が受取人の地位を相続しますから、遺産の範囲に含まれます。

③　被相続人が自分を被保険者とし、受取人を単に相続人としていた場合は、相続開始時の相続人の固有の権利として生命保険金請求権を取得しますから遺産の範囲に含まれません。相続人が複数いた場合は、法定相続分の割合となります。

④　生命保険金受取人に指定された者が被相続人より先に死亡した場合に、受取人の変更をしていない場合は、保険契約に異なる定めのない限り、保険金を受け取るべき者の相続人が受取人となります。

(2)　死亡退職金は、会社の就業規則その他の規則で受給権者が決められており受給権者の固有の権利として請求をしますから、遺産の範囲に含まれません。弔慰金という名目で支給される場合も同じです。公務員の場合も法律や条例で受給権者が決められていますから遺産の範囲に含まれません。例えば、受給権者を配偶者としている場合は、その者に受給権

が発生します。

(3) 借地権や借家権は、借地人や借家人の相続人に相続されますから遺産の範囲に含まれます。借地権とは、建物の所有を目的とする土地の賃借権や地上権（他人の土地に工作物や竹木を所有するために土地を使用する権利）をいいます。借家権とは、建物の賃借権をいいます。いずれの相続も地主や家主の承諾は必要ありません。

　土地建物その他の物の無償の貸借（使用貸借契約）による使用貸借権は、遺産の範囲に含まれません。使用貸借契約は、借主の死亡によって、その効力を失いますから（民法599条）、借主の相続人に相続されません。

(4) 被相続人の債務については、次の通りとなります。
　① 被相続人の普通の債務は、一身専属的なもの（例えば、委任契約上の債務）を除いて、遺産（マイナスの相続財産）の範囲に含まれます。前述した通り、(a)金銭債務のような可分債務は、相続により当然に分割された相続分に応じて相続人が承継します。(b)不可分債務は、各相続人が全部の給付の義務を負いますが、相続人の一人が全部の履行をした場合は、他の債務者の債務も消滅します。
　② 被相続人の保証債務（債務者が債務を履行しない場合に債務者に代わって履行することを約束した保証人が負担する債務）については次の通りとなります。
　　ア　他人の借金の保証人になった場合や土地建物賃貸借契約の保証人となった場合の保証債務は遺産の範囲に含まれます。
　　イ　身元保証契約（雇用されている者による損害を身元保証人が担保する契約）による債務は、遺産の範囲に含まれません。しかし、既に相続開始時までに発生している損害賠償債務は遺産の範囲に含まれます。
　　ウ　信用保証（将来の継続的取引の過程で債務が増減することが予定されている債務の保証、例えば、当座貸し越しや手形割引のような信用取引についての保証）については、判例は、保証責任の限度額や存続期間の定めのない限り遺産の範囲に含まれないとしています。

③ 連帯債務（複数の債務者が同一の給付を目的とする債務を各自独立して負担し、債務者の一人が履行すれば債務者全員の債務が消滅する債務）は、遺産の範囲に含まれます（前項2の(4)の③参照）。

(5) 被相続人の財産的損害の賠償請求権は、遺産の範囲に含まれます。例えば、交通事故で負傷しその後に死亡した場合は負傷により本人に発生した財産的損害の賠償請求権が相続人に相続されます。被相続人が即死した場合（賠償請求の意思表示をしていない場合）でも相続人は賠償請求権を相続します。

　被相続人の慰謝料請求権（精神的損害の賠償請求権）も、遺産の範囲に含まれます。例えば、交通事故で被相続人が即死した場合には慰謝料請求の意思表示をしていませんが、金銭債権として当然に相続されると解されています。相続された慰謝料請求権のほか、遺族の固有の慰謝料請求権も認められます。

(6) 所有権その他の財産権については、次の通りとなります。
① 所有権は、当然に遺産の範囲に含まれますが、相続による所有権の取得は、土地のような不動産でも登記の有無は無関係です。例えば、遺産の土地について共同相続人の一人が勝手に単独相続の登記をして第三者に譲渡した場合でも、他の相続人は登記なしに自分の持分を主張することができます。
② 占有権（物を所持することにより生ずる権利）は、遺産の範囲に含まれます。例えば、被相続人が所持していた物（例えば、商品、自転車）を共同相続人が現実に所持していなくても、事実上の支配の有無にかかわらず相続が認められます。
③ 入会権（一定地域の住民が地域の慣習に従い山林・原野等から薪、石材その他の物を採集する権利）は、遺産の範囲に含まれません。一定地域の住民である資格が必要だからです。
④ 特許権、実用新案権、意匠権、商標権、著作権その他の無体財産権は、遺産の範囲に含まれます。電話加入権その他の財産的価値のある権利も一般に遺産の範囲に含まれますが、ゴルフ会員権が相続できる

かどうかは、ゴルフクラブの会則の規定によります。

(7) 祭祀財産（系譜、祭具、墳墓）は、遺産の範囲に含まれません。祭祀財産は、祖先の祭祀を主宰する者が承継します。祭祀に関しては次の通りとされます。
　① 遺体や遺骨は、遺産の範囲には含まれず、祭祀財産に準ずるものとして祭祀を主宰する者に帰属します。
　② 香典は、遺族又は祭祀主宰者に贈られるもので遺産の範囲に含まれません。
　③ 葬儀費用の債務は、相続開始後に発生しますから遺産の範囲に含まれません。香典で賄うことができなかった場合は、相続財産に関する費用（民法885条）として遺産の中から支払うことができると解されています。

(8) 相続財産の管理費用は、相続人の過失によるものを除き、その遺産の中から支出することとしています（民法885条）。管理費用には、例えば、固定資産税、地代、家賃、水道料金、電気料金があります。相続開始後、遺産分割完了までの間に生じた遺産に関する費用は、遺産の中から支出することとしています。遺産に関する費用には、管理費用のほか遺産の換価（現金に換えること）費用、遺産の鑑定評価費用、登記費用、遺産からの弁済費用その他の清算の費用があります。

Q11 遺産の分割とは、どういうことですか

1 遺産の分割とは

(1) 遺産（相続財産）の分割とは、同順位の相続人が複数いる場合に各相続人の相続分に従って、誰がどの遺産を取るのかを定めることをいいます。同順位の相続人が複数いる場合は、遺産は相続開始時点（被相続人の死亡時点）から共同相続人の共有（共同所有）となりますが、これを各相続人の単独所有（一人で所有すること）又は他の相続人との共有に移行させる手続を遺産分割といいます。遺産分割の時期は、遺言によって遺産分割が禁止されている場合を除き、法律上の制約はないので、いつでも、共同相続人全員の協議によって遺産分割をすることができます（民法907条1項）。

(2) 遺産の分割の基準について民法は次の通り規定しています。
 「民法906条　遺産の分割は、遺産に属する物又は権利の種類及び性質、各相続人の年齢、職業、心身の状態及び生活の状況その他一切の事情を考慮してこれをする。」
 この遺産分割の基準は、家庭裁判所の調停や審判による分割に際しては重要な基準となりますが、共同相続人間の協議によって分割する場合には、この基準によらずに遺産分割をすることができます。法定相続分によって遺産分割をする場合では、家庭裁判所の審判による場合は法定相続分に従う必要がありますが、共同相続人全員の協議の成立によって遺産分割をする場合は法定相続分に従わない協議も有効とされています。

(3) 相続人が複数いる場合（共同相続の場合）では、遺産分割前の遺産は、共同相続人全員の共有に属するとされています（民法898条）。共有とは、複数の者が同一物を同時に所有する所有形態をいいます。相続人が複数

いる場合は、各共同相続人は、その相続分に応じて被相続人の権利義務を承継します（民法899条）。共有の持分割合は、その相続分によります。相続人が複数いる場合の債権・債務の共同相続では、次の通りとなります。

① 金銭債権のような可分債権（分けることのできる債権）では、各共同相続人の相続分に応じて法律上当然に分割されて各共同相続人は相続分に従って承継しますから、遺産分割の対象とはなりません。例えば、Xに対する1200万円の貸金債権を配偶者A、子B、Cの3人が相続した場合は、各相続人は単独でXに対して、Aは600万、B、Cは各300万円の返還請求ができます。遺産の中の現金については金銭債権ではないので遺産分割の対象となります。

② 自動車1台の引渡請求権のような不可分債権では、共同相続人全員に不可分的に（分割不能なものとして）帰属します。この場合は、共同相続人全員が共同して履行請求をし又は各共同相続人が相続人全員のために全部の履行請求をすることができます。

③ 金銭債務のような可分債務（分けることのできる債務）では、各共同相続人の相続分に応じて法律上当然に分割されて各共同相続人は相続分に従って承継しますから、遺産分割の対象とはなりません。上記①の可分債権と同様に相続分に応じて承継します。

④ 自動車1台の引渡債務のような不可分債務では、共同相続人全員に不可分的に（分割不能なものとして）帰属します。この場合は、共同相続人全員が共同して履行をし又は各共同相続人が相続人全員のために全部の履行をする責任があります。

2　遺産分割の自由と遺産分割の禁止

(1)　共同相続人は、被相続人が遺言で遺産分割を禁止している場合を除き、いつでも、共同相続人全員の協議によって遺産の分割をすることができます（民法907条1項）。共同相続人の一人が遺産分割の協議の申出をした場合は、他の共同相続人は遺産分割協議に応じる義務があります。しかし、遺産分割について、共同相続人間に協議が調わない場合や協議ができない場合には、各共同相続人は、その遺産分割を家庭裁判所に請求

することができます（民法907条2項）。各共同相続人から家庭裁判所への遺産分割の家事調停又は家事審判の申立によって決めることになります。

(2) 遺産分割の禁止される場合には、次の場合があります。
　① 遺言による遺産分割の禁止として、被相続人は、遺言で、相続開始の時から5年を超えない期間を定めて遺産分割を禁止することができます（民法908条）。この場合の遺産分割の禁止は、全部の遺産又は特定の遺産についてすることができます。被相続人は、遺言で、遺産分割の方法を定め又はこれを定めることを第三者に委託するこができます。遺言による遺産分割の禁止（例えば、遺産の全部又は一部について分割しないでおくことが共同相続人の共通の利益になると判断される事由がある場合）では、共同相続人全員の合意があっても、指定された期間内は遺産分割をすることはできません。
　② 家庭裁判所の審判による遺産分割の禁止として、家庭裁判所は、遺産分割の申立があった場合でも、特別の事由がある場合（例えば、遺産の土地の所有者に争いがある場合）には、期間を定めて遺産の全部又は一部について分割を禁止することができます（民法907条3項）。禁止の期間は5年以内と解されています。家庭裁判所による遺産分割禁止の審判については、家庭裁判所は、事情の変更がある場合には、相続人の申立により、いつでも、遺産分割禁止の審判を取り消し又は変更する審判をすることができます（家事事件手続法197条）。
　③ 共同相続人全員の協議による遺産分割の禁止として、法律の規定はないものの、共同相続人全員の協議によって5年以内の期間の分割禁止が認められると解されています。この場合の分割禁止は共同相続人の意思によるものですから、分割禁止の期間内であっても、共同相続人全員の合意によって禁止を解除して分割をすることができます。

3　遺産分割の方法
(1) 遺産分割の方法には、①指定分割、②協議分割、③審判分割の3つの方法があります。遺産分割は、①先ず、被相続人の遺言書により分割方

法の指定がある場合は、遺言書の指定する方法によります。②次に、遺言書による指定のない場合は、共同相続人全員の協議によって分割方法を定めます。しかし、③共同相続人間の協議が調わない場合や協議ができない場合には、各相続人からの家庭裁判所への遺産分割の申立により家庭裁判所の審判によって分割方法を決定します。

(2)　指定分割とは、被相続人が遺言書で遺産分割の方法を指定している場合又は分割方法の指定を第三者に委託している場合をいいます（民法908条）。この場合の第三者には相続人は含まないと解されています。被相続人は、遺言書で相続開始時から５年以内の期間内で遺産分割の禁止をすることができます。

　　遺産の分割方法には、①遺産の現物を分ける方法（現物分割）、②遺産を換価して価額で分ける方法（換価分割）、③相続人の一人に遺産を取得させて他の相続人に代償を支払う方法（代償分割）、④特定の遺産を共有とする方法その他の方法があります。

　　被相続人が遺言書で遺産の中の特定の甲土地を共同相続人の中の相続人Ａに相続させる旨の指定をしていた場合は、甲土地は遺産分割の対象とはならず、被相続人の死亡時点で直ちにＡに相続されることになります。遺言書で分割方法の指定を委託された第三者は、相続分の指定も委託された場合を除き、相続分を変更して分割方法を定めることはできません。

(3)　協議分割とは、被相続人の遺言書による分割方法に関する指定がなく遺言書による分割禁止のない場合に、共同相続人全員の協議によって遺産を分割することをいいます。遺産分割協議をする場合は、各共同相続人は、いつでも、他の共同相続人全員に対して遺産分割の協議の申出をすることができますから、他の共同相続人は分割の協議に応ずる必要があります（民法907条１項）。遺産分割協議は、共同相続人の全員で行う必要がありますから、共同相続人の一部の者を除いてなされた協議は無効となります。遺産分割協議の成立のためには①共同相続人の全員の参加と、②共同相続人全員の合意が必要になります。

(4) 審判分割とは、共同相続人全員による協議が調わない場合や協議ができない場合に、共同相続人の一人又は複数の者から家庭裁判所に家事調停又は家事審判の申立をして分割をすることをいいます。遺産分割は家庭裁判所に調停申立又は審判申立ができますが、通常は調停申立をして調停不成立の場合に審判手続に移行します。最初に審判申立があった場合は、家庭裁判所は、当事者の意見を聴いて、いつでも裁判所の職権で調停に付することができます（家事事件手続法274条1項）。

4 遺産分割の効力（遡及効）

(1) 遺産分割の効力は、相続開始時点（被相続人の死亡時点）にさかのぼって効力を生じます（民法909条本文）。従って、相続人が遺産分割によって取得した遺産は、相続開始時点で被相続人から直接取得したものとして扱われます。この効力を遺産分割の遡及効といいます。例えば、遺産分割協議によって共同相続人の中の相続人Aが自分の法定相続分を超える持分（権利の割合）を取得することとなった場合は、他の共同相続人の持分を譲り受けたことになるのではなく、被相続人から直接承継したことになるのです。

(2) 遺産分割の効力が相続開始時点にさかのぼって効力を生じる場合に、第三者の権利を害することとなる場合には遺産分割の遡及効を生じません（民法909条但書）。例えば、共同相続人A、B、Cの3人の中のAが遺産の甲土地の自分の持分を第三者Yに譲渡した後、遺産分割により甲土地がBの単独所有とされた場合は、遺産分割の遡及効を認めたのではYは不測の損害を被りますから遡及効を認めないのです。ただ、この場合の第三者Yが保護されるためには甲土地の所有権移転登記が必要です。

5 遺産分割後に認知された相続人の場合

(1) 相続の開始後に認知によって相続人となった者（例えば非嫡出子）が遺産の分割を請求しようとする場合において、他の共同相続人が既に遺産分割その他の処分をしていた場合は、価額のみによる支払の請求権を有

します（民法910条）。相続の開始後に認知によって相続人となり既に遺産分割が終了していた者は、自分が遺産分割協議に参加していないことを理由に遺産分割協議の無効を主張することはできないのです。相続開始後に認知された非嫡出子（法律上の婚姻関係のない男女の子）には、①被相続人の遺言によって認知された者、②認知の訴え（強制認知）により被相続人の死後に勝訴判決を得た者、③死亡した子の認知（民法783条2項）が含まれます。

(2)　共同相続人の一人である非嫡出子の存在を知らずに遺産分割協議をして遺産分割を終了した場合は、その非嫡出子は、遺産分割の無効を主張して遺産分割のやり直しを請求することができます。共同相続人の一部の者を除外してした遺産分割協議は無効になるからです。この場合は、遺産分割時点に既に相続人として存在していたのですから、価額のみによる支払請求権の特例は適用されません。上記(1)は、遺産分割後に認知があった特例だからです。

6　遺産分割後の共同相続人の担保責任

(1)　遺産分割によって取得した遺産に瑕疵（物や権利の欠陥）があった場合は、各共同相続人は、他の共同相続人に対して、売主と同じく、その相続分に応じて担保責任を負います（民法911条）。担保責任とは、給付した物や権利に欠陥があった場合に給付した相手方に対して負う損害賠償責任その他の責任をいいます。一部の相続人の取得した遺産に欠陥があった場合は不公平になるからです。

　　例えば、遺産分割により相続人である子A、B、Cの3人の中のAが取得した土地の一部が他人の土地でありその部分を返還したことにより3000万円の損失を被った場合は、Aは、他の相続人B、Cに対して各1000万円ずつ請求することができます。

(2)　各共同相続人は、その相続分に応じて他の共同相続人が分割によって受けた債権について、分割の当時における債務者の資力を担保することとしています（民法912条1項）。

例えば、遺産分割により相続人である子Ａ、Ｂ、Ｃの３人の中のＡが債務者Ｙに対する貸金債権を取得した場合に、Ｙの資力不足により貸金債権の取り立てができない場合は、他の相続人Ｂ、Ｃは、自分の相続分の割合でＡの損失を分担します。

　いつの時期の債務者の資力を担保するのかについて、①弁済期が到来している場合は、遺産分割当時の債務者の資力とされていますが、②弁済期が到来していない債権（例えば、弁済期の未到来の貸金債権）や停止条件付債権（例えば、結婚したら甲土地を贈与する契約による債権）については、各共同相続人は、弁済をすべき時（弁済期）における債務者の資力を担保することとしています（民法912条2項）。例えば、相続した第三者Ｘに対する貸金債権の弁済期が、①被相続人の死亡の３年後であったり、②Ｘの子が大学を卒業した時となっていた場合は、弁済期のＸの資力を担保するのです。相続人間の不公平にならないようにするためです。

(3)　担保責任を負う共同相続人の中に償還（返還）する資力のない者がいる場合は、その償還することのできない部分は、求償者（償還を求める者）と他の資力のある者が、それぞれの相続分に応じて分担します。ただし、求償者に過失のある場合（例えば、債務者への請求を怠っていた場合）は、他の共同相続人に対して分担を請求することはできません（民法913条）。

　なお、上記の(1)(2)(3)の規定は、被相続人が遺言で別段の意思表示をしていた場合には適用されません（民法914条）。被相続人の遺言の通りに処理されます。

7　相続回復請求権

(1)　相続回復請求権とは、相続権のない者（例えば、相続欠格者、相続廃除者、認知されていない子）が遺産を占有することにより、真実の相続人の相続権を侵害している場合に、真実の相続人が、相続権のない者に対して自分の相続権を主張して遺産の返還を求める権利をいいます。共同相続人の１人が遺産全部を占有支配している場合も、相続回復請求の対象となります。

相続回復請求権は、相続人又はその法定代理人（例えば、親権者、後見人）が相続権を侵害された事実を知った時から５年間これを行使しない場合は、時効によって権利が消滅します。相続権を侵害された事実を知らなかった場合でも、相続開始時から20年を経過した場合には権利が消滅します（民法884条）。

(2)　相続回復請求権は、相続によって取得した個々の遺産の回復を求めるものではなく、相続人の地位の回復を請求する権利であると解されています。個々の遺産の取り戻しを請求する場合でも、その請求が相続権の侵害を請求原因としている場合は、相続回復請求とされます。相続回復請求は、包括的に相続権の侵害の排除を請求しますから、個々の遺産を具体的に列挙する必要はありません。

(3)　共同相続人の一人又は複数の者が遺産の自分の相続分を超える部分について占有している場合には、自分の相続権を侵害された相続人は、相続回復請求権を行使することができます。例えば。共同相続人の一人が遺産全部を占有支配しているような場合です。しかし、共同相続人の一人又は複数の者が相続権のないことを知っていた場合は、不法行為者（故意や過失により他人の権利を侵害した者）としての責任を追及する必要があり、相続回復請求権の対象とはなりません。相続回復請求権は、相続権を侵害していることを知らないで、かつ、知らないことに過失のない者（善意・無過失の者）である場合に行使することができるのです。

Q12 遺産分割の協議は、どのようにするのですか

1 遺産分割の協議とは

(1) 遺産分割協議とは、被相続人の遺言書により分割方法が指定されている場合や遺産分割が禁止されている場合を除き、共同相続人(複数の相続人)全員によって遺産分割について協議をすることをいいます。

　遺産分割の方法は、①先ず、被相続人の遺言書で指定した方法によりますが、②遺言書による指定のない場合は共同相続人全員の協議の成立した方法によります。③共同相続人全員による協議が調わない場合や協議ができない場合には家庭裁判所への調停申立又は審判申立により家庭裁判所の決定した方法によります。

(2) 遺産分割協議に際しても、民法906条に規定する次の遺産分割の基準は一応の指針となりますが、共同相続人全員の協議によって法定相続分と異なる相続分を決めることもできます。

　「民法906条　遺産の分割は、遺産に属する物又は権利の種類及び性質、各相続人の年齢、職業、心身の状態及び生活の状況その他一切の事情を考慮してこれをする」。

　例えば、被相続人の子A、B、Cの3人がいる場合に、均分相続によらず共同相続人全員の協議によって「Aが1、Bが2、Cが3」の割合で遺産分割をすることもできますし、「Aが3、Bが1、Cがゼロ」の割合のように相続人の一人の取得分をゼロとすることもできます。

　相続人の一部の者の取得分をゼロとした場合は、その者が相続放棄をしたのと同様の目的を達しますが、相続放棄では被相続人の一切の債権も債務も承継することはないのとは異なり、取得分をゼロとした場合は、被相続人の債務を承継することになります。

(3)　遺言者の子ＡＢＣの３人の相続人がいる場合に、遺言書に特定の土地を「Ａに相続させる」旨の遺言があった場合は、その土地については遺言者の相続開始時に直ちに相続によりＡが承継しますから遺産分割協議の対象とはなりません。

　金銭債権（例えば、貸金債権、預金債権）のような可分債権は、相続分に応じて法律上当然に分割されて各相続人が承継しますから、遺産分割協議の対象となりません。可分債務（例えば、借金の債務）の場合も同様で、遺産分割の対象となりません。遺産分割協議により特定の相続人が債務を相続する分割協議が成立した場合でも、債権者は、他の相続人に債務の履行を請求することができます。つまり、特定の相続人のみに債務を承継させることはできないのです（後述Ｑ12の２の(4)参照）。遺産の現金は、金銭債権ではありませんから、遺産分割の対象となります。

２　遺産分割協議による分割の方法
　(1)　遺産分割協議は、共同相続人全員（相続分を譲り受けた者、遺贈を受けた者その他の権利者を含みます）が参加して行う必要があり、一部の者を除外して行った遺産分割協議は無効となります。共同相続人は、被相続人が遺言で５年以内の期間を定めて遺産分割を禁止した場合を除いて、いつでも共同相続人全員の協議によって遺産を分割することができます（民法907条１項）。遺産分割協議の当事者の共同相続人には次の者も含まれます。
　　①　共同相続人の一人から相続分の譲渡を受けた者
　　②　遺産の全部又は一定割合の遺贈を受けた者（包括受遺者）
　　③　相続人の債権者、遺産の債務の債権者
　　④　行方不明者の財産管理人
　　⑤　未成年者の法定代理人
　　⑥　成年被後見人等の法定代理人
　　なお、胎児は、生きて生まれた場合に相続開始時にさかのぼって相続権が認められるので、実務では、出生まで遺産分割を待つべきであるとされています。

(2) 共同相続人全員による遺産分割協議による分割の方法には次の方法があります。
① 現物分割とは、土地、建物、現金、宝石その他の遺産の現物を相続人全員の協議により分ける方法をいいます。例えば、被相続人の子Ａ、Ｂ、Ｃの３人がいる場合に、(a)900平米の土地を300平米ずつ３つに分割する場合、(b)甲土地はＡが取得し、乙土地はＢが取得し、建物はＣが取得する場合、(c)900万円の現金を300万円ずつ取得する場合があります。
② 換価分割（価額分割）とは、遺産を金銭に換価して金銭を分割する方法をいいます。例えば、名画のような現物分割が不可能な場合や建物のような現物分割では著しく価値が減少する場合にも用いられます。現物分割と併用して、現物分割では過不足が生じる場合の過不足の修正にも用いられます。
③ 代償分割とは、遺産の現物（例えば、特定の土地建物）を共同相続人中の特定の者に取得させて、その取得者に現物を取得しなかった他の相続人に対して代償（他人の損害の償いとして代価を出すこと）を支払う方法をいいます。
④ その他の方法には次の例があります。
　ア　遺産の全部又は一部を相続人の全員又は一部の者の共有とする方法
　イ　遺産の土地を相続人の一人に取得させて他の相続人にその土地の賃借権を設定する方法
　なお、遺産分割の態様には、(a)全部分割（遺産の全部を分割する場合）と(b)一部分割（遺産の一部のみを分割する場合）とがあります。一部分割をする場合は、例えば、遺産分割に長期間を必要とする場合に被相続人の債務の利息を支払うために相続人全員の利益のために一部の遺産を換価するような場合があります。

(3) 被相続人が遺言書によって各相続人の相続分を指定している場合であっても、相続の放棄が認められることから、共同相続人全員の協議によって遺言書の指定とは異なる分割をすることができます。しかし、遺言

書に遺言執行者を指定している場合には、相続人は、遺産の処分その他の遺言の執行を妨げるべき行為をすることはできませんから、遺言書の指定と異なる分割をすることは許されません（民法1013条）。

(4)　被相続人の借金のような債務（相続債務）は、相続人が相続放棄や限定承認をしない限り、相続人が相続債務を弁済する責任を負いますが、相続債務は遺産分割の対象とはなりません。例えば、相続人Ａ、Ｂ、Ｃの３人がいる場合に全員の協議で資力のないＣに債務を帰属させて債権者の強制執行を不能にするようなことはできないのです。債権者は、相続人の一人が債務を相続する旨の協議が調った場合でも、他の相続人に法定相続分に応じて債務の履行を請求することができるのです。

(5)　共同相続人Ａ、Ｂ、Ｃの全員により成立した遺産分割協議によって、相続人の一人Ａが他の相続人Ｂに対して負担した債務を履行しない場合でも、債権者Ｂは債務者Ａの債務不履行を理由に遺産分割協議を解除することはできません。遺産分割は協議の成立とともに終了し、その後は債務を負担したＡと債権を取得したＢとの債権債務関係が残るだけです。こうしないと再分割を余儀なくされ、法的安定性が害されるからです。ただ、共同相続人全員の合意によって遺産分割協議の全部又は一部を解除して改めて遺産分割協議をすることはできます。

(6)　共同相続人全員による遺産分割協議が調った場合でも、共同相続人の意思表示の中に、民法の規定する①錯誤、②詐欺、③強迫又は④虚偽表示があった場合は民法の規定により分割協議の無効又は取消の主張をすることができます。
　①　錯誤とは、意思表示の内容と内心の意思とが一致しないことを表意者自身が知らないことをいいます。意思表示は、法律行為の要素（分割協議の意思表示の重要な部分）に錯誤があった場合は無効とされます。例えば、Ａ建物のつもりでＢ建物と意思表示したような場合があります。しかし、表意者に重大な過失があった場合は、表意者は、自ら無効を主張することはできません（民法95条）。

②　詐欺とは、他人を騙して錯誤に陥らせることをいいます。詐欺による意思表示は取り消すことができます（民法96条）。
③　強迫とは、違法に害意を示して恐怖を生じさせることをいいます。強迫による意思表示は取り消すことができます（民法96条）。
④　虚偽表示とは、真実でないことを知りながら意思表示をすることをいいます。例えば、差し押さえを免れるために土地を売ったことにするような場合です。相手方と通じてした虚偽の意思表示は無効とされます（民法94条）。

3　遺産分割協議の実際

(1)　遺産分割の協議は、共同相続人全員が一堂に集まって協議をする場合のほか、共同相続人の一人が「遺産分割協議書」の原案を作成して持ち回りで共同相続人全員の承諾を得る方法でもかまいません。例えば、事前に承諾を得た遠隔地にいる相続人に対して遺産分割協議書の用紙を郵送して署名と押印をもらうような場合もあります。

　遺産分割協議の結果を書面にするかどうかについて法律の規定はありませんが、不動産の登記その他に必要ですから、遺産分割協議書と題する書面を作成しておきます。遺産分割協議書の押印に使用する印鑑について法律上の制限はありませんが、印鑑登録証明書の発行ができる住所地の市町村役場に登録をした印鑑（実印といいます）を使用し印鑑登録証明書を添付します。

(2)　遺産分割協議では共同相続人の全員による協議が必要ですから、協議に参加できる者を確定する必要があります。遺産分割協議の当事者となる者には次の者も含まれます。
　①　共同相続人の一人から相続分の譲渡を受けた者
　②　遺産の全部又は一定割合の遺贈を受けた者（包括受遺者）
　③　相続人の債権者、遺産の債務の債権者
　④　行方不明者の財産管理人
　⑤　未成年者の法定代理人（親権者と未成年者が相続人となる場合は両者の利益が相反することになりますから、未成年者のための特別代理人を選任し

ます）
⑥　成年被後見人等の法定代理人（成年後見人、保佐人、補助人）
　胎児は、生きて生まれた場合に相続開始時にさかのぼって相続権が認められるので、実際には出生まで遺産分割を待つべきであるとされています。

⑶　遺産分割協議の前提として、遺産分割協議の対象となる①遺産の範囲の確定と、②その遺産の評価額の確定が必要になります。遺産が全国各地に多数ある場合や遺産の種類が多い場合には相続開始時から法定の３か月の考慮期間では相続の放棄、限定承認又は単純承認の判断ができない場合も多いので、その場合には家庭裁判所に３か月の考慮期間の伸長の申立をします。
　遺産の範囲の確定後に各遺産についての評価額を算出します。土地や建物の評価は厳格にする場合には不動産鑑定士に依頼することになりますが、多額の鑑定費用がかかることになります。鑑定費用は民法885条に規定する「相続財産に関する費用」として相続財産の中から支出します。名画や宝石も厳格に鑑定する場合には専門家に鑑定を依頼します。評価の基準時点は、相続開始時点ではなく遺産分割時点が基準となります。
　遺産の範囲と評価額を次例のような遺産目録の一覧表にまとめます。共同相続人の間で遺産の範囲や評価額その他に争いがある場合には、分割協議が調わないか分割協議ができませんから、家庭裁判所に対して家事調停又は家事審判の申立をすることになります。

　　　　　　　　　遺産目録の例
①　各土地の所在、地番、地目、地積と評価額
②　各建物の所在、家屋番号、種類、構造、各階の床面積と評価額
③　預貯金の銀行名等の金融機関名、支店名、預金種別、口座名義、金額
④　株式の各会社名、数量と評価額
⑤　生命保険金につき保険会社、保険の種類、保険金額、受取人

⑥　賃借権の対象土地建物、所在、借主と評価額
⑦　現金の金額
⑧　各絵画の表題と評価額
⑨　宝石の種類、数量と評価額
⑩　その他の各遺産の品名、数量と評価額

(4)　遺産分割協議の対象となる上記の「遺産目録」は、当然に判明した範囲で作成されることになりますが、遺産分割協議の対象とした遺産目録に漏れていた遺産があった場合は次の通りとなります。
　①　漏れていた遺産が重要なもので、協議の当事者がその遺産があることを知っていた場合には、そのような分割協議はなされなかったであろうと考えられ、分割をやり直したほうが公平の理念に合致すると認められる場合は、当初の分割協議は無効とされます。
　②　漏れていた遺産が分割協議を無効とするほど重要ではなく、一部分割の場合の残余財産の分割に準じて漏れていた遺産のみを分割すれば足りる場合もあります。

(5)　遺産分割協議の前提として各共同相続人の具体的な相続分と具体的な遺産を確定する必要があります。各共同相続人の法定相続分は民法900条に規定されていますが、共同相続人全員の協議による遺産分割では法定相続分の規定にかかわらず、全員の協議によって自由に定めることができます。
　　法定相続分を修正する民法の規定には特別受益者（Q7参照）の相続分や寄与者（Q8参照）の相続分がありますが、これらの規定に基づく修正のほかに、一切の事情を考慮して共同相続人の全員の合意によって遺産分割をすることができるのです。

4　遺産分割協議書の作成

(1)　遺産分割協議の結果を「遺産分割協議書」という書面にしておくことは必須のこととといえます。この書面の作成の仕方は決まっていませんが、一般にＡ４サイズの丈夫な用紙を使用します。書き方は横書きでも縦書

きでもかまいませんが、登記申請書や裁判所への提出書類も横書きにしていることから、一般に横書きにしています。筆記用具も制限はありませんが、一般に黒のボールペンや万年筆を使用します。

　共同相続人全員の合意が成立した場合は、次例のような遺産分割協議書を作成して全員が署名と押印をします。署名は記名（署名以外の方法で氏名を記すこと）で代えることができますが、重要書類ですから、なるべく署名（自署）をします。押印は住所地の市町村役場に印鑑登録をした印鑑（実印）を使用します。使用した実印の印鑑登録証明書（市町村長の発行する証明書）を遺産分割協議書に添付します。

(2)　遺産分割協議書の書き方は決まっていませんが、次の記載例（相続人が配偶者と子3人の場合）があります。記載例の中の固有名詞は架空のものです。

（記載例）

遺産分割協議書

亡東京太郎（平成27年1月9日死亡）の相続人である妻東京花子、長男東京一郎、二男東京二郎、長女大阪友子は、被相続人の遺産を下記の通り分割することに同意した。

記

1　相続人東京花子は、次の遺産を取得する。
　(1)　土地　　所在　東京都渋谷区茜町二丁目
　　　　　　　　地番　5番
　　　　　　　　地目　宅地
　　　　　　　　地積　382.07平方メートル
　(2)　建物　　所在　東京都渋谷区茜町二丁目5番地
　　　　　　　　家屋番号　5番
　　　　　　　　種類　居宅
　　　　　　　　構造　木造瓦葺2階建
　　　　　　　　床面積　1階　182.30平方メートル
　　　　　　　　　　　　2階　　68.06平方メートル

(3)　上記の建物内の一切の家財その他の物
　(4)　○○生命から支払済みの生命保険金　金額3,000万円
　(5)　○○銀行○○支店の口座番号0000000の定期預金1口　　金額4,500万円
2　相続人東京一郎は、次の遺産を取得する。
　(1)　○○建設株式会社の株式　　　1万2,000株
　(2)　○○銀行○○支店の口座番号0000000の定期預金1口　　金額3,000万円
3　相続人東京二郎は、次の遺産を取得する。
　(1)　○○商事株式会社の株式　　　1万株
　(2)　○○銀行○○支店の口座番号0000000の定期預金1口　　金額4,000万円
4　相続人大阪友子は、何らの遺産を取得しない。
5　相続人東京花子は、その取得した相続分の代償として相続人東京一郎及び東京二郎に対して、各1,000万円を本遺産分割協議書の調印と同時に支払う。
6　本遺産分割協議書に記載のない遺産及び後日判明した遺産は、すべて相続人東京花子が取得する。

以上の通り協議が真正に成立したことを証するため、本遺産分割協議書を4通作成して各自署名及び押印をして各自1通を所持する。
平成27年2月8日

　　　　　　　　　　　　　　　相続人　　東京花子　（実印）
　　　　　　　　　　　　　　　相続人　　東京一郎　（実印）
　　　　　　　　　　　　　　　相続人　　東京二郎　（実印）
　　　　　　　　　　　　　　　相続人　　大阪友子　（実印）

　① 遺産分割協議によって不動産（土地や建物）を取得した相続人は、相続による所有権移転登記をしますから、遺産分割協議書の不動産の表示は、登記申請書に記載する不動産の表示と一致するように登記簿謄本（登記事項証明書）の通りに記載します。

② 預金債権その他の金銭債権のような可分債権は、判例では、相続分に応じて法律上当然に分割され各共同相続人は相続分に応じて承継するので遺産分割の対象とならないとしていますが、実務では遺産分割の対象とする場合が多いのです。
③ 現金は、預金債権のような金銭債権とは異なり相続開始により当然に分割されることはないので、不動産その他の物と同様に遺産分割の対象となります。

(3) 遺産分割協議書の作成上の注意事項は次の通りです。
① 相続人の誰がどの遺産を取得するのかを明確に記載します。預金債権は同一支店に複数の口座を持っている場合は口座番号も記載します。
② 遺産分割協議書の押印は、相続人の住所地の市町村役場に登録した印鑑（実印）を使用し、市町村長の発行した印鑑登録証明書を添付します。遺産分割協議書に相続人の住所を記載する場合は、印鑑登録証明書の住所を記載します。
③ 遺産の分割後に新たに発見された遺産の分割方法を定めておきます。例えば、(a)上例のように特定の相続人に取得させる、(b)相続人全員で別途協議して定める、といった方法を記載します。
④ 代償分割（特定の相続人に遺産を取得させて他の相続人に代価を支払う方法）を併用した場合の代償は、遺産分割協議書の調印と同時に支払うこととします。後日の紛争を避けるためです。
⑤ 遺産分割協議書が2枚以上になった場合は、ホチキスで綴じて各綴り目には相続人全員の契印（割印）をします。作成部数は相続人の数です。
⑥ 金融機関によっては預金口座名義の変更に自社専用の用紙しか認めない場合がありますから、事前に金融機関に確認をして指定の用紙を入手し、遺産分割協議書の調印の際に各相続人の押印をすることとします。

5 相続分のないことの証明書（特別受益証明書）
(1) 「相続分のないことの証明書」とは、遺産分割協議書の作成に代えて、

特定の相続人に遺産の不動産を取得させるため登記申請書に添付するために特別受益を受けていて相続分はないことを証明する書面をいいます。「特別受益証明書」とか「相続分皆無証明書」という場合もあります。特定の相続人に遺産の不動産を取得させるための簡便な方法として利用されますが、真実が記載されていない場合は後日のトラブルの原因となります。

(2) 相続分のないことの証明書の書き方は決まっていませんが、次の記載例（固有名詞は架空）があります。作成者の使用する印鑑は実印を使用して、その印鑑登録証明書を添付します。用紙は一般にＡ４サイズを使用します。

（記載例）

> **証明書**
> 私は、被相続人大阪太郎（大阪市中央区坂町二丁目2番3号）から生前に生計の資本として相続分を超える財産の贈与を受けているので、平成27年1月7日被相続人の死亡により開始した相続については、相続する相続分が存在しないことを証明します。
> 平成27年2月3日
>
> 　　　　　　　　　　　　　　大阪市中央区坂町二丁目2番3号
> 　　　　　　　　　　　　　　大阪二郎（実印）

(3) 相続分のないことの証明書を作成しても、相続の放棄の効果は生じませんから、単純承認をしたものとして、被相続人の債務を相続分に応じて承継することになります。相続分のないことの証明書の内容が虚偽であった場合は、この証明書による相続登記も無効となりますし、改めて遺産分割協議を請求することができます。

Q13 相続の承認と放棄の制度は、どのようになっていますか

1 相続の承認（単純承認、限定承認）と放棄の制度

(1) 相続人は、被相続人の死亡により被相続人の一身に専属した権利と祭祀財産を除いて、一切の権利と義務を承継しますから、プラスの財産のほか借金のようなマイナスの財産も承継することになります。マイナスの財産のほうが多い場合に、民法は相続人を保護するため相続を承認するか拒絶するかの選択の自由を認めています。民法は相続人が次の3つのいずれかを選択することができるようにしているのです。

① 単純承認……相続人が全面的・無条件に権利義務を承継する場合
② 限定承認……プラスの財産の限度で債務を弁済する条件付で承認する場合
③ 相続放棄……相続人が相続を全面的に拒絶する場合

(2) 単純承認とは、相続人が無条件に被相続人の権利や義務を無限に承継するという意思表示をいいます（民法920条）。相続人は、自分のために相続の開始（被相続人の死亡）があったことを知った時から3か月以内に相続について①単純承認、②限定承認又は③相続放棄のいずれかの選択をする必要があります（民法915条1項）。しかし、(a)相続人が遺産の全部又は一部を処分した場合、(b)相続開始から3カ月以内に限定承認又は相続放棄をしなかった場合その他の場合で単純承認をしたものとみなされる場合があります（民法921条）。

(3) 限定承認とは、相続人が相続によって得た遺産の限度においてのみ被相続人の債務と遺贈（遺言による遺産の無償譲与）を弁済するとの条件を付して相続を承認する意思表示をいいます（民法922条）。限定承認の意思表示も相続人が自分のために相続の開始（被相続人の死亡）があったこ

とを知った時から3か月以内にする必要があります。ただ、相続人が複数いる場合は、その全員が共同してのみ限定承認をすることができます。

(4) 相続の放棄とは、相続人が相続によって発生する効果の帰属を全面的に拒絶する意思表示をいいます。相続の放棄をした者は、その相続に関しては、初めから相続人とならなかったものとみなされます（民法939条）。相続の放棄の意思表示も相続人が自分のために相続の開始（被相続人の死亡）があったことを知った時から3カ月以内にする必要があります。

2　相続の承認や放棄を決める3か月の考慮期間

(1)　相続人は、自分のために相続開始があったことを知った時から3カ月以内に、その相続について①単純承認、②限定承認、③相続放棄のいずれかを選択する必要がありますが、この3カ月の期間は、利害関係人（例えば、相続人）や検察官の請求によって家庭裁判所の審判により伸長することができます（民法915条1項但書）。この3カ月の期間を考慮期間とか熟慮期間といいます。3カ月の期間の伸長が必要な場合として、例えば、相続人が外国に居住している場合、遺産が全国各地にあり調査に時間がかかる場合、遺産の種類や数量が多くて調査の時間がかかる場合があります。家庭裁判所への期間の伸長の申立が却下された場合は不服申立（即時抗告）をすることができます。伸長のできる期間の長さについての規定はありません。

　　相続人は、その相続について①単純承認、②限定承認又は③相続放棄のいずれかを選択する前に相続財産の調査をすることができます（民法915条2項）。

(2)　3か月の考慮期間を計算する起算点は、「自己のために相続の開始があったことを知った時」とされていますから、複数の相続人がいる場合は、各共同相続人ごとに起算点が異なる場合があります（民法915条1項）。単に被相続人の死亡の事実を知っただけでは足りず、判例は、遺産の存在を知った時又は通常ならこれを認識できた時から起算すべきとしています。被相続人の死亡の約1年後、保証債務の存在を知った時から3か

月以内にした放棄も有効としている判例もあります。自分が相続人となったことを知った時から3か月以内なら放棄や承認の選択をすることができます。

(3) 3か月の考慮期間の起算点は、相続人が承認や放棄をしないで死亡した場合は、死亡した者の相続人が自分のために相続の開始があったことを知った時点となります（民法916条）。例えば、被相続人Yの相続人AがYの遺産の相続について承認又は放棄の選択をしないで死亡した場合は、Aの相続人Bは、①Yの相続の承認又は放棄と、②Aの相続の承認又は放棄をする必要がありますが、3カ月の考慮期間の起算点は、Bが自分のために相続の開始を知った時となります。この場合の承認又は放棄の選択の有効・無効は次の通りとなります。
① Bが先にAの相続について放棄した場合は、Yの相続の承認や放棄はできません。この場合は、Aの一切の権利義務をBは承継しないからです。
② Bが先にAの相続について承認した場合は、Yの相続について承認や放棄をすることができます。この場合は、Aの一切の権利義務をBは承継しているからです。
③ Bが先にYの相続について放棄をした場合は、Aの相続の承認や放棄をすることができます。
④ Bが先にYの相続について承認をした場合は、Aの相続の承認や放棄をすることができます。

(4) 3カ月の考慮期間の起算点は、相続人が未成年者（20歳未満の者）又は成年被後見人（家庭裁判所で精神上の障害により後見開始の審判を受けた者、民法7条）である場合は、その法定代理人（親権者又は特別代理人、成年後見人）が未成年者や成年被後見人のために相続の開始があったことを知った時点となります（民法917条）。被保佐人（精神上の障害により家庭裁判所の保佐開始の審判を受けた者、民法11条）や被補助人（精神上の障害により家庭裁判所の補助開始の審判を受けた者、民法15条）には適用されませんから、本人自身について起算点が決定されます。

3　相続の承認や放棄の撤回と取消

(1)　相続人が、①単純承認、②限定承認、③相続放棄のいずれかの選択をした場合には、3カ月の考慮期間内であっても、その選択の意思表示を撤回することはできません（民法919条1項）。撤回を認めると他の相続人その他の利害関係人に重大な影響を与えるからです。この場合の撤回とは、意思表示をした者が一方的にその効力を将来に向かって消滅させることをいいます。

しかし、次のような民法の規定により意思表示の取消ができる場合には、相続の承認や放棄を取り消して改めて選択をすることができます（民法919条2項）。取消とは、既に効力を生じている意思表示を初めにさかのぼって消滅させることをいいます。

①　未成年者が法定代理人の同意を得ずに承認や放棄をした場合（民法5条2項）
②　成年被後見人自身が承認や放棄をした場合（民法9条）
③　被保佐人が保佐人の同意を得ずに承認や放棄をした場合（民法13条）
④　詐欺又は強迫によって承認や放棄をした場合（民法96条）
⑤　後見人が後見監督人の同意を得ずに承認や放棄をした場合（民法865条）

なお、判例は、意思表示の要素の錯誤（重要部分の錯誤）のある承認や放棄の意思表示は無効になるとしています（民法95条）。

(2)　相続の承認や放棄の取消権は、追認（過去にさかのぼって認めること）をすることができる時から6カ月間行使しない場合は、時効によって取消権が消滅します。相続の承認や放棄の時から10年を経過した場合も取消権が消滅します。（民法919条3項）。「追認をすることができる時」とは、取消の原因となっていた状況が消滅した時をいいますが（民法124条1項）、例えば、成年被後見人では行為能力者（単独で契約のような法律行為ができる能力を持つ者）となった後にその行為を了知（理解）した時となります。

民法の規定により限定承認又は相続の放棄の取消をしようとする者

は、その旨を家庭裁判所に申述（申し出ること）する必要があります（民法919条4項）。この手続は家庭裁判所へ「家事審判申立書」を提出します。

4 相続の承認や放棄をするまでの遺産の管理

(1) 相続が開始しても、相続人が①単純承認、②限定承認、③相続の放棄のいずれかをするまでは遺産の帰属が確定しませんから、民法は、相続の承認又は放棄をするまでの遺産の管理について、相続人は「その固有財産におけるのと同一の注意をもって」遺産を管理しなければならないとしています（民法918条1項）。

他人の財産を管理する場合の注意義務の程度として、民法は次の4つを規定していますが、①以外は同様の意味と解されており、いずれも①に比べて注意義務が軽減されています。

① 善良な管理者の注意（民法400条）
② 自己の財産に対するのと同一の注意（民法659条）
③ 自己のためにするのと同一の注意（民法827条）
④ その固有財産におけるのと同一の注意（民法918条）

(2) 家庭裁判所は、利害関係人（例えば、相続人、被相続人の債権者）又は検察官の請求によって、いつでも、遺産の保存に必要な処分（例えば、管理人の選任、遺産の換金）を命ずることができます（民法918条2項）。

家庭裁判所が遺産の管理人を選任した場合は、不在者の財産管理人の規定（民法27条～29条）が準用されます（民法918条3項）。

Q14 相続の放棄をするには、どのような手続が必要ですか

1 相続の放棄とは

(1) 相続の放棄とは、相続人が遺産の承継を全面的に拒絶することをいいますが、相続の放棄をした者は、その相続に関しては初めから相続人とならなかったものとみなされます（民法939条）。例えば、①相続人に子Ａ、Ｂ、Ｃの３人がいた場合にＡが相続の放棄をした場合は、ＢとＣだけが相続をします。②相続人に配偶者と子Ａ、Ｂ、Ｃがいた場合にＡが相続放棄をした場合は、相続人は配偶者と子Ｂ、Ｃとなりますから、子Ｂ、Ｃの相続分が増えます。これらの場合の相続の放棄をしたＡは、初めから相続人でなかったものとして扱われるのです。相続放棄の制度は、一般に被相続人の借金のようなマイナスの財産のほうがプラスの財産よりも多い場合に利用されます。

相続の放棄をした者に子がいる場合でも、その子が代襲相続（Q4参照）をすることはありません。相続の放棄をした者は、自分だけでなく自分の子も含めて遺産はいらないという意思で放棄をしていると見られるからです。

(2) 相続の放棄は、特定の相続人の利益のために相続の放棄をすることは許されません。特定の相続人に自分の相続分を帰属させる場合は、相続分の譲渡の手続によります。相続放棄は相続の効果を全面的に拒否する意思表示ですから、相続の放棄に条件や期限を付することはできません。

相続の開始前の放棄は認められませんから、自分の相続分を事前に放棄する相続放棄の契約は無効となります。相続の放棄は、家庭裁判所に放棄の申述（申し出）をし、これを受理する審判が確定してはじめて放棄の効果が生じるからです。

(3) 相続資格が重複している場合として、例えば、次の場合があります。これらの場合に、一方の資格でした相続放棄が他の資格の相続権の放棄にも及ぶかが問題となりますが、一方の資格でした相続放棄は、当然に他の資格にも及ぶと解されています。
① 被相続人の孫が被相続人の養子となり、子（養子）としての相続人と代襲相続人（被相続人の孫）としての二重の地位を有する場合（同順位の場合）
② 被相続人の弟が被相続人の養子となっている場合（異順位の場合）

2　相続の放棄の手続

(1) 相続の放棄をしようとする者は、その旨を家庭裁判所に申述（申し出）する必要があります（民法938条）。相続の放棄をしようとする者は、自分のために相続の開始（被相続人の死亡）があったことを知った時から3か月以内に、相続開始地（被相続人の最後の住所地）の家庭裁判所に相続放棄の申述をする必要があります（民法915条）。この3カ月の考慮期間（熟慮期間）は、利害関係人（例えば、相続人）又は検察官の請求により家庭裁判所の審判によって伸長することができます（民法915条）。伸長できる期間についての規定はありません。

(2) 家庭裁判所への相続放棄の申述の手続は、家庭裁判所の家事事件案内係に備え付けている「相続放棄申述書」の用紙に必要事項を記入し家庭裁判所の指定する収入印紙、郵便切手その他の書類を添付して被相続人の最後の住所地の家庭裁判所に提出します。
　家庭裁判所は、申述が適法で申述人の真意に基づくものであることを確認して申述を受理しますが、相続放棄は申述の受理の審判の確定によって成立します。申述人は、相続放棄の申述を却下する審判に対しては即時抗告（2週間以内にする不服申立）をすることができます（家事事件手続法201条9項3号）。

3　相続放棄者の遺産の管理

(1) 相続の放棄をした者は、その放棄によって相続人となった者が遺産の

管理を始めることができるまで、自分の財産におけるのと同一の注意をもって、その遺産の管理を継続する必要があります（民法940条1項）。相続放棄者は初めから相続人とならなかったものとみなされますから、本来なら遺産の管理義務はないのですが、民法は遺産の保全のために管理の継続義務を認めたのです。

　この遺産管理継続義務は、①同順位の相続人がいない場合は次順位の相続人が管理を始めるまで、②他の共同相続人がいる場合は他の相続人が管理を始めるまで、③相続人が不存在となった場合は相続財産管理人が管理を始めるまで、それぞれ管理を継続する必要があります。

(2)　相続の放棄をした者には、民法に規定する委任契約の受任者の権利義務に関する規定（民法645条・646条・650条）や相続財産管理人の規定（民法918条2項・3項）が準用されます（民法940条2項）。

Q15 相続の限定承認をするには、どのような手続が必要ですか

1 相続の限定承認の効力

(1) 相続の限定承認とは、相続によって得た財産の限度においてのみ被相続人の債務と遺贈（遺言による遺産の無償譲与）を弁済する（支払う）との条件を付けて相続を承認することをいいます（民法922条）。ただ、相続人が複数いる場合は、相続人の**全員が共同してのみ**限定承認をすることができます（民法923条）。相続放棄や単純承認のように相続人単独では限定承認をすることはできないのです。一般に債務と遺贈の額とプラスの財産のどちらが多いか不明の場合に利用されます。

(2) 限定承認をした相続人は、相続によって得た積極財産（プラスの財産）の範囲内でのみ被相続人の債務や遺贈を弁済（支払い）すればよいだけで、自分の固有財産から債権者に弁済をする必要はないのです。

相続人が限定承認をした場合は、相続人がその被相続人に対して有した権利義務は消滅しなかったものとみなされます（民法925条）。本来、相続人が被相続人に対して有していた権利や債務は混同（債権と債務のような対立する二つの法律上の地位が同一人に帰属すること）によって消滅しますが、限定承認の場合には、例外的に消滅しなかったものとみなします。従って、相続人の有していた債権は遺産から弁済を受けることになり、債務を有していた場合は遺産の一部を構成することになります。例えば、被相続人AがBが限定承認をした場合は、BのAに対する権利も義務もなくならなかったものとして、Bは全くの他人と同様に取り扱われます。

(3) 限定承認をした者は、遺産を相続人の固有財産とは分離して管理し、以後の清算に備える必要があります。限定承認者は、その固有財産にお

けると同一の注意をもって、遺産の管理を継続する必要があります（民法926条1項）。限定承認者には、民法に規定する委任契約の受任者の権利義務に関する規定（民法645条・646条・650条）や相続財産管理人の規定（民法918条2項・3項）が準用されます（民法926条2項）。相続の放棄をした者と同じ扱いとなっています。

2　限定承認の申述の手続

(1)　相続人が限定承認をしようとする場合は、自分のために相続の開始（被相続人の死亡）があったことを知った時から3か月以内に、相続財産の目録を作成して相続開始地（被相続人の最後の住所地）の家庭裁判所に提出して限定承認をする旨の申述をする必要があります（民法924条）。3か月の考慮期間は利害関係人（例えば、相続人）又は検察官の請求により家庭裁判所が伸長することができます。

(2)　相続人が複数いる場合は、限定承認は、共同相続人の**全員が共同してのみ**これをすることができます（民法923条）。共同相続人の中の一人でも限定承認に同意しない場合は、限定承認をすることはできません。しかし、共同相続人の中に相続放棄をした者がいる場合は、相続放棄をした者以外の他の共同相続人全員の同意によって限定承認の申立をすることができます。相続人の一部に行方不明者がいる場合は、その者の財産管理人を選任して他の共同相続人全員とともに限定承認の申立をすることができます。共同相続人の中に3カ月の考慮期間を経過している者があっても、他の共同相続人が考慮期間内であれば、共同相続人全員の同意で限定承認の申立をすることができます。

(3)　限定承認の申述の手続は、相続人全員が共同して家庭裁判所に備え付けている「家事審判申立書」の用紙に必要事項を記入して家庭裁判所の指定する収入印紙、郵便切手その他の書類を添付して被相続人の最後の住所地の家庭裁判所に提出します。

　家庭裁判所は、申述が適法で申述人の真意に基づくものであることを確認して申述を受理しますが、限定承認は申述の受理の審判の確定に

よって成立します。申述人は、限定承認の申述を却下する審判（例えば、申立期限の経過、申立書の不備）に対しては即時抗告（2週間以内にする不服申立）をすることができます（家事事件手続法201条9項3号）。

　家庭裁判所は、相続人が複数いる場合には、相続人の中から相続財産の管理人を選任する必要があります。この相続財産の管理人は、相続人全員のために相続人に代わって相続財産の管理や債務の弁済に必要な一切の行為をします（民法936条1項・2項）。

3　限定承認の清算の手続

(1)　限定承認者（限定承認の申述が受理された者）は、限定承認をした後5日以内に、すべての相続債権者（遺産に属する債務の債権者）と受遺者（遺贈を受ける者）に対し、限定承認をしたことと2カ月以上の一定期間内にその請求の申出をすべき旨を公告（官報掲載）する必要があります。

　この場合の公告には、相続債権者と受遺者がその期間内に申出をしない場合は弁済から除かれる旨を付記する必要があります。しかし、限定承認者は、分かっている相続債権者と受遺者を除くことはできません。限定承認者は、分かっている相続債権者と受遺者には、各別にその申出の催告をする必要があります（民法927条）。

　限定承認者は、2カ月以上の公告期間の満了前には、相続債権者や受遺者に対して弁済を拒むことができます（民法928条）。

(2)　限定承認者は、2カ月以上の公告期間が満了した後は、相続財産をもって、その公告期間内に申出をした相続債権者その他知れている相続債権者に、それぞれその債権額の割合に応じて弁済をする必要があります。ただし、優先権を有する債権者（例えば、抵当権者、質権者、留置権者）の権利を害することはできません（民法929条）。

　限定承認者は、弁済期の到来していない債権であっても、上記(2)の規定によって弁済する必要があります。条件付の債権（例えば、条件を満たした場合に支払を受ける権利）又は存続期間の不確定な債権（例えば、生存中、被相続人から毎年一定額を貰う権利）は、家庭裁判所が選任した鑑定人の評価に従って弁済をする必要があります（民法930条）。

限定承認者は、以上の通り各相続債権者に弁済をした後でなければ、受遺者に弁済をすることはできません（民法931条）。
　２カ月以上の公告期間内に申出をしなかった債権者や受遺者で限定承認者に知れなかった者は、残余財産についてのみ権利を行使することができますが、遺産について抵当権のような特別担保を有する者は、その遺産から優先的に弁済を受けます（民法935条）。結局、限定承認者のする弁済の順位は次の通りとなります。
　　第１順位　抵当権、質権その他の優先権を有する債権者
　　第２順位　公告期間内に申出をした債権者と分かっている債権者
　　第３順位　公告期間内に申出をした受遺者と分かっている受遺者
　　第４順位　公告期間内に申出をしなかった債権者と受遺者

(3)　限定承認者は、弁済をするについて遺産を売却する必要がある場合は、民事執行法の規定により競売に付する必要があります。ただし、限定承認者は、家庭裁判所の選任した鑑定人の評価に従い評価額を弁済して競売を止めることができます（民法932条）。鑑定人の評額額を限定承認者の固有財産で弁済することにより競売の差し止め権を認めたものです。
　相続債権者と受遺者は、自分の費用で、遺産の競売や鑑定に参加することができます。参加の請求があったにもかかわらず、その請求をした者を参加させなかった場合は、参加の請求をした者は損害賠償請求ができます（民法933条）。

(4)　限定承認者は、２カ月以上の期間を定めた公告や分かっている相続債権者や受遺者への催告を怠り、又は公告期間内に相続債権者や受遺者に弁済したことによって他の相続債権者や受遺者に弁済することができなくなった場合は、これによって生じた損害を賠償する責任を負います。その他の民法の規定に違反して弁済した場合も同様となります。限定承認者の不当な弁済の責任を規定しているのです。
　この場合に弁済が民法の規定に違反することを知って不当に弁済を受けた債権者や受遺者に対して、他の債権者や受遺者は求償（返還を求めること）することができます。

これらの賠償請求権と求償権の時効期間は、不法行為の場合と同様に加害者と損害を知った時から３年間、行為の時から20年とされています（民法934条）。

(5)　共同相続人全員で限定承認をした後に、その中の一人又は数人について遺産の処分や遺産の隠匿のような単純承認をしたとみなされる事由がある場合は、限定承認の効力は維持したまま、相続債権者は、遺産をもって弁済を受けられなかった債権額について、当該相続人に対して、単純承認をしたのと同様に、その相続分に応じて債権を取り立てることができます（民法937条）。例えば、共同相続人の一人Ａが、遺産の処分をしたため債権の一部しか支払いを受けられなかった債権者は、未払い残額をＡの相当分の割合に応じてＡから取り立てることができます。
　以上の通りの遺産の清算の後に残余財産があった場合は、限定承認者全員が相続分に応じて承継します（民法922条）。清算後の残余財産がなく残った債務は、限定承認者に弁済する義務はありませんから、責任なき債務（弁済する義務のない債務）となります。

Q16 相続の単純承認とみなされるのは、どんな場合ですか

1 相続の単純承認とは

(1) 相続の単純承認とは、被相続人の死亡により被相続人の一切の財産上の権利と義務を無限に（無制限に）承継することをいいます（民法920条）。「無限に」とは、被相続人の相続財産だけでは被相続人の債務を弁済することができなかった場合には、相続人は、自分の固有財産で弁済することを意味します。限定承認の場合には、被相続人の積極財産（プラスの財産）の限度内で被相続人の債務（マイナスの財産）を弁済しますが、単純承認の場合は、プラスの財産もマイナスの財産も、すべて無限に承継します。

単純承認も意思表示ですが、相続放棄や限定承認の場合とは異なり、家庭裁判所の手続は不要で、**相続開始時から3カ月以内に相続放棄や限定承認をしなかった場合には、単純承認をしたものとみなされます**（民法921条2号）。

(2) 単純承認をした相続人は、①被相続人の一身専属権（例えば、扶養請求権、親権）と②祭祀財産（例えば、位牌、仏壇）を除いて、相続開始（被相続人の死亡）時点から被相続人の財産に属した一切の権利と義務を全面的かつ無制限に承継します（民法896条）。

単純承認をした各共同相続人（複数の相続人）は、その相続分に応じて被相続人の権利と義務を承継しますから、自分の相続分だけで債務を弁済することができなかった場合には、自分の固有財産で弁済することになりますから、自分の固有財産に強制執行を受ける場合もあります。

2 法定単純承認とは

(1) 法定単純承認とは、相続人が次の行為をした場合に単純承認をしたも

のとみなすことをいいます（民法921条）。「みなす」とは、異なる場合であっても同一なものとして認定してしまうことを意味します。

① 相続人が相続財産の全部又は一部を処分した場合（ただし、次の(2)で説明する保存行為と民法に規定する短期の賃貸借は除かれます）
② 相続人が相続開始時から3か月の考慮期間内に限定承認又は相続の放棄をしなかった場合
③ 相続人が限定承認又は相続の放棄をした後であっても、相続財産の全部若しくは一部を隠匿し、他人に隠れて勝手に消費したり、又は限定承認の場合の財産目録に隠すつもりで記載しなかった場合

(2) 相続人が相続財産の全部又は一部を処分した場合は、単純承認をしたものとみなされます。ただし、保存行為（例えば、家屋の修理）と民法602条に規定する短期の賃貸借は除かれます（民法921条1号）。民法602条に規定する賃貸借の期間は、①樹木の植栽又は伐採を目的とする山林の賃貸借では10年、②その他の土地の賃貸借では5年、③建物の賃貸借では3年、④動産の賃貸借では6か月とされています。

　　この場合の「処分」とは、土地の売却や抵当権の設定のような法律的処分のほか家屋の取り壊しや山林の伐採のような事実的処分行為も含まれます。「処分」によって単純承認をしたものとみなすためには、相続人が自分のために相続が開始した事実を知っていることが必要です。

(3) 相続人が相続開始時から3か月の考慮期間内に限定承認又は相続の放棄をしなかった場合は、単純承認をしたものとみなされます（民法921条2号）。3か月の考慮期間は、利害関係人（例えば、相続人）又は検察官の請求によって家庭裁判所が伸長（期間をのばすこと）をすることができます。家庭裁判所が伸長することのできる期間の制限の規定はありませんから裁判所の判断によります。考慮期間の経過によって単純承認をしたものとみなすこととしたのは、単純承認を相続の本来の形態とみているからです。

(4) 相続人が限定承認又は相続の放棄をした後であっても、相続財産の全

部若しくは一部を隠匿し、他人に隠れて勝手に消費したり、又は限定承認の場合の財産目録に隠すつもりで記載しなかった場合は、単純承認をしたものとみなされます（民法921条3号）。ただし、その相続人Aが相続の放棄をしたことによって順位が繰り上がって相続人となった者Bが相続の承認をした後は、Aは、単純承認をしたものとみなされません。Aの相続放棄の効力を失わせると、次順位のBが不測の損害を被ることになるからです。

Q17 遺贈とは、どういうことですか

1 遺贈とは

(1) 遺贈とは、遺言者が遺言書によって自分の遺産の全部又は一部を法定相続人以外の他人に無償で譲与（所有権を帰属させること）することをいいます。遺贈を受ける者を「受遺者」といいます。

遺贈の種類には、①遺贈の目的物を特定して行う特定遺贈（例えば、A土地、B建物）と、②遺産の全部又は一定割合を示して行う包括遺贈（例えば、遺産の全部、遺産の半分）とがあります。①の特定遺贈は、(a)特定の物や権利を目的とする特定物遺贈と、(b)金銭のような不特定物を目的とする不特定物遺贈に分けられます。

遺言者は、遺言書によって特定遺贈又は包括遺贈をすることができますが、いずれの場合も遺留分（Q8参照）の規定に違反することはできません（民法964条）。遺留分の規定に違反した場合は、遺留分権利者からの遺留分減殺請求に服することになりますが、減殺請求権が行使されない場合は遺留分の規定に違反する遺贈も有効となります。

遺言者が遺言書によって相続人に「遺贈する」こともできますが、登記手続きや登記費用の点から相続人には「相続させる」という表現が用いられます。

(2) 遺贈は、財産を無償で譲与する点では「贈与」に類似していますが、贈与は、贈与をする者（贈与者）と贈与を受ける者（受贈者）の双方の合意による契約であるのに対して、遺贈は遺言による一方的な単独の意思表示である点で異なっています。

親から子へ遺産の前渡しとして贈与がなされる場合がありますが、贈与契約書によらない贈与契約は、履行（登記や引渡）が終わった部分でない限り、当事者双方が撤回することができます（民法550条）。親から子

への贈与のような個人から個人への贈与には受贈者に贈与税（Q30参照）が課税されますが、贈与者も連帯納付義務を負います。

　贈与者の生前に受贈者との間で贈与者が死亡することを条件として効力を発生させる贈与契約（例えば、贈与者が死亡したら贈与者所有の特定土地を受贈者に与える契約）を「死因贈与契約」といいますが、死因贈与契約には、その性質に反しない限り、遺贈に関する規定が準用されます（民法554条）。しかし、死因贈与と遺贈には次の相違点があります。

① 死因贈与は、贈与者と受贈者との合意による契約が成立した時点で契約の効力が生じますが、遺贈では、遺言者の死亡時点で効力が生じます。

② 死因贈与は契約ですから契約自由の原則により特定の方式を必要としませんが、遺贈は、必ず遺言の方式に従う必要があります。

③ 死因贈与は、贈与者と受贈者との合意により成立する契約ですが、遺贈は、遺言者の一方的な単独の意思表示により成立する単独行為（単独の意思表示のみで法律効果の発生する行為）です。

2　受遺者とは

(1)　受遺者とは、遺贈によって利益を受ける者をいいます。受遺者となることができる能力を「受遺能力」といいますが、権利能力（権利義務の主体となれる資格）を有する者は、すべて受遺能力を有します。従って、自然人（人間のこと）のほか法人（会社のような自然人以外で権利義務の主体となれるもの）も受遺者となれます。胎児も遺贈に関しては既に生まれたものとみなされますから受遺者となります（民法965条）。

　受遺者に欠格事由（民法891条の相続人の欠格事由を準用）がある場合は、相続人の欠格事由と同様、受遺欠格者となり受遺者とはなりません（民法965条）。

(2)　受遺者は、遺言が効力を発生する時点（遺言者の死亡時点）に生存していることが必要です。遺贈は、遺言者の死亡以前に受遺者が死亡した場合は、その効力を生じません（民法994条1項）。遺言者と受遺者とが同時に死亡した場合（例えば、二人の乗っていた航空機の墜落事故）も遺贈は

効力を生じません。同時死亡も「遺言者の死亡以前」に含まれます。受遺者の相続人が代わって遺贈を受ける代襲の制度はありません。

　停止条件付の（例えば、結婚したらという条件付の）遺贈についても、受遺者がその条件成就前に死亡した場合も遺贈の効力は生じません。ただし、遺言者が遺言で別段の意思表示をしていた場合は、その意思に従います（民法994条2項）。

(3)　遺贈が効力を生じない場合（例えば、遺言者の死亡以前の受遺者の死亡、条件成就前の受遺者の死亡）又は遺贈の放棄によってその効力を失った場合は、受遺者が受けるべきであったものは、相続人に帰属します。ただし、遺言者が遺言で別段の意思表示をしていた場合は、その意思に従います（民法995条）。

(4)　遺贈を履行する義務のある者（遺贈義務者）は、原則として相続人となりますが、包括受遺者（遺産の全部又は一定割合の遺贈を受けた者）、相続財産管理人、遺言執行者が遺贈義務者となる場合もあります。遺贈義務者は、目的物の引渡、所有権の移転登記手続その他の手続をする義務を負います。

3　包括遺贈とは

(1)　包括遺贈とは、遺産の全部又は一定割合の遺贈をいいます。包括遺贈を受けた者（包括受遺者）は相続人ではありませんが、相続人と同一の権利義務を有するとされています（民法990条）。包括受遺者は相続人と酷似しているからです。

　包括受遺者の権利義務は次の通りとなります。

①　包括受遺者は、相続開始の時から被相続人の一身専属権を除いて、被相続人の財産に属した一切の権利義務を承継します（民法896条）。借金のような債務も承継します。

② 　包括受遺者は、共同相続人がいる場合は他の共同相続人とともに遺産を共有し遺産の分割を行うことになります（民法898条）。

③ 　包括受遺者は、遺贈の承認や遺贈の放棄のほか、限定承認をするこ

ともできます。その手続は相続人の場合と同様に家庭裁判所への申述が必要で3か月以内の考慮期間も相続人の場合と同様になります（民法915条）。遺贈の承認、遺贈の放棄又は限定承認のいずれの選択もせずに考慮期間を経過した場合は、単純承認をしたものとみなされます。包括遺贈を受けた遺産の全部又は一部を処分した場合は、単純承認をしたものとみなされます（民法921条）。

(2) 包括受遺者は、相続人ではないことから、相続人とは次の相違点があります。
  ① 包括受遺者には遺留分（被相続人の兄弟姉妹以外の相続人に法律上確保される最低限度の分け前の割合を認める制度。Q8参照）に関する規定は適用されません。
  ② 包括受遺者には代襲相続（相続が開始された場合に相続人となる者が、被相続人の死亡前に、死亡・相続欠格・相続人廃除により相続資格を失った場合に相続人に代わって相続人となれる制度。Q4参照）に関する規定は適用されません。
  ③ 包括受遺者には相続人と異なり法人その他の団体もなることができます。
  ④ 包括受遺者には相続人と異なり不動産の取得の対抗要件（第三者に権利の取得を主張できる要件）としての登記を必要とします。

4　特定遺贈とは

(1) 特定遺贈とは、遺贈の目的物を特定して行う遺贈（例えば、A土地とかB建物のように特定して行う遺贈）をいいます。特定遺贈を受けた者（特定受遺者）は、贈与契約の贈与を受けた者（受贈者）とほぼ同様の地位を有します。

　特定遺贈は、包括遺贈とは次の通り大きく異なります。
  ① 特定受遺者は、包括受遺者と異なり、遺産の債務を承継することはありません。
  ② 特定受遺者には、包括受遺者の場合の遺贈の承認や放棄、限定承認の規定は適用されませんから、次の特別の規定を設けています。

ア　特定受遺者は、遺言者の死亡後、いつでも、遺贈の放棄をすることができます。この遺贈の放棄は、遺言者の死亡の時にさかのぼってその効力を生じます（民法986条）。
　イ　遺贈を履行する義務を負う者（遺贈義務者）その他の利害関係人（例えば、相続人）は、特定受遺者に対し、相当の期間（回答ができると考える期間）を定めて、その期間内に遺贈の承認又は放棄をすべき旨の催告（催促）をすることができます。この場合に特定受遺者がその期間内に遺贈義務者に対して意思表示をしない場合は、遺贈を承認したものとみなされます（民法987条）。
　ウ　特定受遺者が遺贈の承認又は放棄をしないで死亡した場合は、その特定受遺者の相続人は、自分の相続分に相当する範囲内で、遺贈の承認又は放棄をすることができます。ただし、遺言者が遺言で別段の意思表示をしていた場合は、その意思に従います（民法988条）。
　エ　特定受遺者は、遺贈の承認や放棄を撤回（将来に向かって効力を消滅させること）することはできません（民法989条1項）。撤回を許すと利害関係人が不測の損害をこうむる場合があるからです。ただし、相続の承認や放棄の取消の場合と同様に民法の取消権（当初にさかのぼって効力を失わせる権利）の規定により遺贈の承認や放棄を取り消すことができますが、この取消権は、追認をすることができる時から6か月間行使しない場合は時効によって消滅します。遺贈の承認や放棄の時から10年を経過した場合も消滅します（民法989条2項）。

(2)　特定遺贈には次の効果が認められています。
　①　特定受遺者は、遺贈が弁済期に至らない間は、遺贈義務者（遺贈を履行する義務を負う者）に対して相当の担保を請求することができます。遺贈義務者が弁済期までに無資力になるおそれがあるからです。停止条件付の（例えば、結婚したらという条件付の）遺贈について条件の成否が未定である間も同様とされています（民法991条）。
　②　特定受遺者は、遺贈の履行を請求することができる時から果実

（例えば、目的物の地代や家賃）を取得することができます。ただし、遺言者が遺言で別段の意思表示をしていた場合は、その意思に従います（民法992条）。

③　遺贈義務者が遺言者の死亡後に遺贈の目的物（例えば、家屋）について費用を支出した場合は、留置権者の場合と同様に特定受遺者に対して償還（返還）を請求することができます。果実（例えば、家賃）を受け取るために支出した通常の必要費は、果実の価格を超えない限度で特定受遺者に償還を求めることができます（民法993条）。

④　遺贈は、その目的である権利（例えば、特定土地の所有権）が遺言者の死亡時において遺産に属しなかった場合は、その効力を生じません。ただし、その権利が遺産に属するか否かにかかわらず、これを遺贈の目的としたと認められる場合は遺贈は有効とされます（民法996条）。この場合は、その権利を他人から買い上げて受遺者に与える事になります。

⑤　遺産に属しない権利（例えば、他人の権利）を目的とする遺贈が有効である場合は、遺贈義務者は、その他人の権利を取得して特定受遺者に移転する義務を負います。この場合、その権利を取得することができない場合又はこれを取得するのに過分の費用を要する場合には、遺贈義務者は、その価額を弁償する必要がありますが、遺言者が遺言で別段の意思表示（例えば、取得できない場合は弁償はしなくてよい）をしていた場合は、その意思に従います（民法997条）。

⑥　不特定物（例えば、米2トン）を遺贈の目的とした場合において、特定受遺者がこれについて第三者から追奪（取り戻されること）を受けた場合は、遺贈義務者は、売主と同様に担保責任（欠陥があった場合に負う責任）を負います。例えば、米2トンをAに遺贈した場合に、その米は遺産ではなく第三者Bの所有であるという理由で取り戻された場合は、相続人は、Aに売った売り主と同様に、Bから米を買い取ってAに引き渡すか、Aに損害賠償をする必要があります。不特定物を遺贈の目的とした場合に、物の瑕疵（例えば、米の中に腐った欠陥）があった場合は、遺贈義務者は、瑕疵（欠陥）のない物をもってこれに代える必要があります（民法998条）。

5　負担付遺贈とは

(1)　負担付遺贈とは、受遺者（包括受遺者と特定受遺者の両方を含みます）に対して一定の法律上の義務を負担させる遺贈をいいます。例えば、①遺言者Aが特定土地を特定受遺者Bに遺贈する代わりにBがCに対して1000万円を与える負担の付いた遺贈、②遺言者Aが包括受遺者Dに対して遺産の5分の4を遺贈する代わりにAの母親Eの療養看護をする負担の付いた遺贈があります。

(2)　負担付遺贈を受けた者は、遺贈の目的の価額を超えない限度においてのみ、負担した義務を履行する責任を負います（民法1002条1項）。負担が遺贈の利益よりも大きい場合は、遺贈の目的の価額を超えた部分は無効となります。

　受遺者が遺贈の放棄をした場合は、負担の利益を受けるべき者（この場合は、母親E）は、自ら受遺者となることができますが、遺言者が遺言で別段の意思表示をしていた場合は、その意思に従います（民法1002条2項）。

(3)　負担付遺贈の目的の価額が相続の限定承認又は遺留分回復の訴えによって減少した場合は、受遺者は、その減少の割合に応じて、その負担した義務を免れます。ただし、遺言者が遺言で別段の意思表示をしていた場合は、その意思に従います（民法1003条）。

　負担付遺贈を受けた者がその負担した義務を履行しない場合は、相続人は、相当の期間を定めてその履行の催告（催促）をすることができます。この場合、その期間内に履行がない場合は、その負担付遺贈に係る遺言の取消を家庭裁判所に請求することができます（民法1027条）。家庭裁判所の取消の審判によって遺言が無効になると受遺者が受けるべきであったものは、相続人に帰属しますから、相続人が負担の利益を受けるべき者に対する負担を負うことになります（民法995条）。

Q18 相続や遺言に関する家事事件とは、どういうものですか

1 家庭裁判所の家事事件とは

(1) 家庭裁判所の家事事件とは、相続の放棄、限定承認、推定相続人の廃除、遺産の分割、失踪宣告その他の家庭内の問題が生じた場合に、通常の民事訴訟とは異なる家事事件手続法の規定により家庭裁判所で審理をする家事審判や家事調停の手続による事件をいいます。

通常の民事訴訟とは、例えば、貸金返還請求訴訟や損害賠償請求訴訟をいいますが、これらは請求金額によって地方裁判所又は簡易裁判所に民事訴訟法に基づく訴状を提出して審理が開始されます。これに対して、家事事件では、平成25年から施行された家事事件手続法に基づいて家庭裁判所に家事審判申立書又は家事調停申立書を提出します。

(2) 家事事件の手続には、①家事審判の手続と②家事調停の手続があります。

① 家事審判の手続では、例えば、相続の放棄、限定承認、推定相続人の廃除、失踪宣告のような公益的性質の強い事件を扱いますから、当事者の協議や合意による解決は許されず、裁判官の判断（審判）により解決することとしています。

② 家事調停の手続では、例えば、遺産の分割、遺産の分割の禁止、寄与分を定める処分、祭祀財産の承継者の指定のような当事者の合意による自主的な解決を図るのに適した事件を扱いますから、その手続は、裁判官又は家事調停官（非常勤の裁判官）と民間から選ばれた家事調停委員が当事者の意見を聴いて解決のためのあっせんをします。

(3) 家事事件の種類は、大別すると次の3種類に分けられます。

① 家事事件手続法の「別表第一」に掲げる事件（別表第一事件）（巻末

附録3）

審判手続だけで扱われ事件で、別表第一に134種類が列挙されています。

② 家事事件手続法の「別表第二」に掲げる事件（別表第二事件）（巻末附録4）

審判でも調停でも扱われる事件で、別表第二に16種類が列挙されています。

③ 人事訴訟法の対象となる事件

例えば、離婚、離縁、婚姻の無効のような訴えの提起前に調停の必要な事件です。

2 家庭裁判所への家事審判又は家事調停の申立の手続

(1) 家事事件手続法の**別表第一事件**（巻末附録3）について「審判」の申立をする場合は、家庭裁判所の家事手続案内係で無料で交付される「家事審判申立書」用紙又は事件に応じた特別の用紙に必要事項を記入して家庭裁判所の指定する収入印紙、郵便切手その他の書類を添付して管轄の家庭裁判所に提出します（巻末附録1参照）。

(2) 家事事件手続法の**別表第二事件**（巻末附録4）について「調停」の申立をする場合は、家庭裁判所の家事手続案内係で無料で交付される「家事調停申立書」用紙又は事件に応じた特別の用紙に必要事項を記入して家庭裁判所の指定する収入印紙、郵便切手その他の書類を添付して管轄の家庭裁判所に提出します（巻末附録2参照）。別表第二事件は、審判でも調停でも扱われますが、調停のできる事件について審判の申立をした場合は、裁判所は、当事者の意見を聴いて、いつでも、職権で、事件を家事調停に付することができます（家事事件手続法274条1項）。従って、通常は、まず家事調停の申立をして調停不成立の場合には審判の手続に移行します。巻末附録2の申立用紙も「調停」と「審判」のいずれの申立にも使用できるようにしています。

(3) 家庭裁判所に提出する「家事審判申立書」や「家事調停申立書」の書

き方や記入見本は最寄りの家庭裁判所の「家事手続案内」係で閲覧することができます。これらの申立書の用紙の交付を受ける際には、申立書に添付して提出する①収入印紙の額、②郵便切手の種類と枚数、③添付書類、④申立書を提出する裁判所名を確認しておきます。

① 収入印紙の額は、(a)家事事件手続法の別表第一事件では1件当たり800円分、(b)別表第二事件では1件当たり1,200円分が必要です。
② 郵便切手の種類と枚数は、事件の内容や相手方の人数により異なります。
③ 添付書類は、事件の内容により異なりますが、例としては、(a)被相続人や相続人の戸籍謄本（戸籍の全部事項証明書）、(b)遺産目録、(c)固定資産評価証明書、(d)相続人や利害関係人の住民票があります。
④ 申立書を提出する裁判所は、法律の規定により決まっています。

　インターネットを利用できる場合には、最高裁判所のホームページの「裁判手続の案内・家事事件」を検索すると書式見本や記入例を見ることができます。本書でも、この記入例の要点を紹介しています。相続と遺言に関する主な家事事件の家庭裁判所への申立の方法についてはQ19で説明しました（家事事件の詳細については、本書の著者による「家事事件手続ハンドブック～家庭裁判所利用術～」（緑風出版発行）参照）。

3　家事審判の手続の主な流れ

家事審判申立書の家庭裁判所への提出

① 家庭裁判所に備え付けている申立書用紙に必要事項を記入し家庭裁判所に指定された書類を添付して申立書受付係に提出します。申立書の提出に際しては、(a)申立の手数料として収入印紙を別表第一事件では800円分、別表第二事件では1200円分と、(b)家庭裁判所の指定する種類の郵便切手も提出します。
② 自分で申立書用紙に記入することができない場合は、申立書受付係に申し出て家庭裁判所職員が代筆し申立人の署名と押印をする方法（準口頭申立）も可能です。

③ 家庭裁判所は、別表第二事件の申立があった場合は、申立書写しを相手方に原則として送付します。

⬇

家事審判手続の期日の事件の関係人の呼び出し
① 家庭裁判所は、事件の関係人（当事者や審判の結果に利害関係を有する者）を期日（審理をする日時）に呼び出します。
② 家事事件では原則として呼び出しを受けた本人の出頭が必要です。

⬇

家事審判手続の期日の実施
① 家庭裁判所は、職権で事実の調査をし（職権探知主義）、家庭裁判所が必要と認める証拠調べをします。家庭裁判所調査官が裁判官の命令により事実の調査をする場合があります。
② 家庭裁判所は、参与員（民間人の専門家）を立ち会わせる場合があります。
③ 申立人が別表第二事件について審判の申立書を提出した場合でも、家庭裁判所は、当事者の意見を聴いて、いつでも職権で調停手続に付することができます。
④ 家庭裁判所は、別表第二事件については、原則として当事者の陳述を聴く必要があります。

⬇

審判とその告知
① 家庭裁判所は、審判を受ける当事者その他の利害関係人に審判を告知する必要があります。審判に際しては審判書を作成します。
② 審判の効力発生時期は、審判を告知することによって効力を生じます。
③ 審判は、即時抗告（不服申立制度）のできる期間（告知から2週間）の満了により確定をします。

⬇

不服申立（即時抗告）

① 審判に不服がある場合は、高等裁判所に対して即時抗告（法律に規定されている場合にだけできる不服申立）をすることができます。
② 即時抗告のできる期間は、審判の告知を受けた日から2週間以内です。
③ 高等裁判所の決定に憲法違反や最高裁判所判例の違反があるような場合は最高裁判所に特別抗告や許可抗告ができる場合があります。

4 家事調停の手続の主な流れ

家事調停申立書の家庭裁判所への提出
① 家庭裁判所に備え付けている申立書用紙に必要事項を記入し家庭裁判所に指定された書類を添付して申立書受付係に提出します。申立書の提出をする際には、(a)申立の手数料の収入印紙1200円分と、(b)家庭裁判所に指定された種類の郵便切手も提出します。
② 自分で申立書用紙に記入することができない場合には、申立書受付係に申し出て家庭裁判所職員が代筆し申立人の署名と押印をする方法（準口頭申立）も可能です。
③ 家庭裁判所は、別表第二事件の申立があった場合は、申立書写しを相手方に対して原則として送付します。

⬇

調停委員会の設置と事件の関係人の呼び出し
① 家庭裁判所は、調停機関として裁判官1人と家事調停委員2人以上で構成する調停委員会を設置します。調停委員は、専門的知識を有する者の中から最高裁判所が任命します。裁判官1人だけで行う「単独調停」もあります。
② 調停委員会は、事件の関係人（当事者や調停の結果に利害関係を有する者）を期日（審理をする日時）に呼び出します。

③　家事事件では原則として呼び出しを受けた本人の出頭が必要です。
④　裁判官に代わって家事調停官（弁護士を５年以上した者から最高裁判所が任命した者）が裁判官の職務を行う場合があります。

家事調停手続の期日の実施
①　調停委員会は、職権で事実の調査をし（職権探知主義）、必要と認める証拠調べをします。家庭裁判所調査官が裁判官の命令により事実の調査をする場合があります。
②　申立人が別表第二事件について家庭裁判所に審判の申立書を提出した場合でも、家庭裁判所は、当事者の意見を聴いて、いつでも職権で調停手続に付することができます。
③　家庭裁判所は、別表第二事件については、原則として当事者の陳述を聴く必要があります。

調停の成立と調停不成立
①　当事者間に合意が成立し、調停機関が合意を相当と認めて調停調書に記載した場合は、調停が成立したものとして調停手続は終了します。
②　調停成立の効力発生時期は、調停の成立を調停調書に記載した時に、その記載は確定判決（別表第二事件では確定審判）と同一の効力を有します。
③　調停委員会は、当事者間に合意の成立する見込みのない場合又は成立した合意が相当でない場合には、調停は成立しないものとして事件を終了させることができます。調停不成立の場合は、事件が終了した旨を調停調書に記載します。
④　別表第二事件について調停不成立の場合は、審判の手続に移行しますが、調停申立があった時に審判の申立があったものとみなされます。

Q19 相続や遺言に関する家庭裁判所への申立は、どのようにするのですか

1　相続の放棄に関する家事事件の申立

(1)　相続が開始した場合（被相続人が死亡した場合）には、相続人は、次の3つの中のいずれかを選択することができます。家庭裁判所への相続放棄や限定承認の申述（申し出）のできる期間は、自分のために相続の開始があったことを知った時から3か月以内とされています。3か月の考慮期間は家庭裁判所で伸長することができます。

① 　相続放棄（相続人が全面的に相続を拒否する場合）
② 　限定承認（プラスの財産の限度で債務を弁済する条件付きで承継する場合）
③ 　単純承認（相続人が全面的・無条件に権利義務を承継する場合）

(2)　相続放棄の申述人は、各相続人ですが、相続人が未成年者（20歳未満の者）又は成年被後見人（精神上の障害により事理を弁識する能力を欠く常況にあり後見開始の審判を受けた者）の場合は、その法定代理人（親権者や成年後見人）が代理して申述します。

　未成年者と法定代理人（例えば、母）が共同相続人であって未成年者のみが申述をする場合又は未成年者の法定代理人（例えば、母）が一部の未成年者を代理して申述をする場合には、その未成年者について特別代理人（利益相反行為となる場合は代理人）の選任が必要となります。

　申述の申立書は、家事審判申立書の特別の書式の「相続放棄申述書」用紙を使用します。用紙の交付は最寄りの家庭裁判所の家事手続案内係で無料で交付を受けられます。申立書の提出先は、相続開始地（被相続人の最後の住所地）の家庭裁判所となります。申立手数料は申述人1人につき800円分の収入印紙が必要ですが、そのほか家庭裁判所の指定する種類の郵便切手も提出する必要があります。

(3) 「相続放棄申述書」用紙に記入する主な事項は次の通りです。
　① 申述人の本籍、住所、氏名、生年月日、職業、被相続人との関係、電話番号
　② 被相続人の本籍、最後の住所、氏名、死亡当時の職業、死亡年月日
　③ 「申述の趣旨」欄に「相続の放棄をする」と記入
　④ 「申述の理由」欄の次の該当項目を記入
　　ア　相続の開始を知った日　平成○年○月○日（1　被相続人死亡の当日、2　死亡の通知を受けた日、3　先順位者の相続放棄を知った日、4　その他のいずれかを○で囲む）
　　イ　放棄の理由（1　被相続人から生前に贈与を受けている、2　生活が安定している、3　遺産が少ない、4　遺産を分散させたくない、5　債務超過のため、6　その他の該当番号を○で囲む）
　　ウ　相続財産の概略（資産について農地・山林・宅地・建物の各面積、現金・預金・有価証券の各金額。負債について金額）
　⑤ 主な添付書類には次の書類がありますが、申立書作成時に家庭裁判所に確認をしておきます。
　　ア　申述人の戸籍謄本（戸籍の全部事項証明書）
　　イ　被相続人の戸籍の除籍謄本
　⑥ 申述人が未成年者の場合は、「法定代理人等」欄に親権者・後見人の別、法定代理人の住所、氏名、電話番号

2　相続の限定承認に関する家事事件の申立

(1) 限定承認の申述人は、相続人の全員となります。限定承認は、共同相続人の全員が共同してのみすることができるのです。限定承認の申述をすることができる期間は、相続の開始のあったことを知った時から3か月以内とされていますが、この期間は家庭裁判所の審判により伸長することができます。

　申立書用紙は、家事審判申立書用紙（巻末附録1）を使用し、事件名の欄には「相続の限定承認」と記入します。申立書の提出先は、相続開始地（被相続人の最後の住所地）の家庭裁判所となります。申立手数料は被相続人1人につき800円分の収入印紙が必要ですが、そのほか家庭裁判

所の指定する種類の郵便切手も提出する必要があります。

(2) 「家事審判申立書（相続の限定承認）」用紙に記入する主な事項は次の通りです。
　① 申述人全員の本籍、住所、氏名、生年月日、職業、電話番号
　　　（申立人欄のある場合は申述人と訂正して使用します）
　② 被相続人の本籍、最後の住所、氏名、生年月日
　③ 「申立の趣旨」欄に「被相続人の相続につき限定承認をする」と記入
　④ 「申立の理由」欄に次の記載例のように理由を箇条書きで記入
　　　ア　申述人らは、被相続人の子であり、相続人は申述人の二人だけである。
　　　イ　被相続人は、平成○年○月○日に死亡して相続が開始し、申述人らは被相続人の死亡当日に相続の開始を知った。
　　　ウ　被相続人の遺産は別紙「遺産目録」記載の通りであるが、相当の債務もあることから、申述人らは、相続によって得た財産の限度で債務を弁済することにしたいので、限定承認をすることを申述する。
　　　エ　相続財産管理人には申述人の○○○○を選任されたく上申する。
　⑤ 家事審判申立書の申立人記名押印欄には相続人全員の署名と押印をします。
　⑥ 主な添付書類には次の書類がありますが、申立書作成時に家庭裁判所に確認をしておきます。
　　　ア　申述人全員の戸籍謄本（戸籍の全部事項証明書）
　　　イ　被相続人の戸籍の除籍謄本
　　　ウ　遺産目録
　⑦ 「遺産目録」には次例のように区分して、土地建物は不動産登記簿の通りに記載します。
　　　ア　土地の所在場所、地番、地目、地積
　　　イ　建物の所在場所、家屋番号、種類、構造、各階の床面積
　　　ウ　○○銀行○○支店定期預金（口座番号0000000）　　金額000万円

エ　○○銀行○○支店普通預金（口座番号0000000）　　金額000万円
　　オ　○○建設株式会社株式　　　　　　　　　　　　　　　　000株
　　カ　現金　　　　　　　　　　　　　　　　　　　　　　金額000万円
　　キ　負債　債権者○○銀行　　借入金0000万円利息○％、損害金○％
　　キ　負債　債権者○○県農協　借入金0000万円利息○％、損害金○％
　その他の負債については未調査

3　相続の放棄又は限定承認の期間の伸長に関する家事事件の申立

(1)　相続の放棄や限定承認をする場合は、自分のために相続の開始（被相続人の死亡）があったことを知った時から3か月以内に家庭裁判所に申述をする必要がありますが、遺産の種類や数量が多かったり全国各地に散在している場合には3か月では調査が完了しない場合もあります。そこで3か月の考慮期間を伸長する必要がある場合は、家庭裁判所に伸長の申立をすることができます。伸長できる期間については法律の規定はありません。

　　申立人は、相続人、利害関係人（考慮期間の伸長に関し利害関係を有する被相続人や相続人の債権者・債務者その他）、検察官となります。伸長の申立は、法定の考慮期間の3か月以内にする必要があります。

　　申立書用紙は、家事審判申立書用紙（巻末附録1）を使用し、事件名の欄には「相続の承認又は放棄の期間伸長」と記入します。申立書の提出先は、相続開始地（被相続人の最後の住所地）の家庭裁判所となります。申立手数料は伸長の対象となる相続人1人につき800円分の収入印紙が必要ですが、そのほか家庭裁判所の指定する種類の郵便切手も提出する必要があります。

(2)　「家事審判申立書（相続の承認又は放棄の期間伸長）」用紙に記入する主な事項は次の通りです。
　　①　申立人の本籍、住所、氏名、生年月日、職業、電話番号
　　②　被相続人の本籍、最後の住所、氏名、生年月日、死亡当時の職業
　　③　「申立の趣旨」欄には、例えば、「申立人が、被相続人○○○○の相続の承認又は放棄をする期間を平成○年○月○日まで伸長するとの審

判を求める」と記入
④ 「申立の理由」欄に次の記載例のように理由を簡条書きで記入
　ア　申立人は、被相続人の長男であるが、被相続人は、平成○年○月○日に死亡して相続が開始し、申立人は、被相続人の死亡当日に相続の開始を知った。
　イ　申立人は、被相続人の遺産の調査をしているが、被相続人は、幅広く事業を行っていたことから、遺産は全国各地に散在しているほか、相当の債務もある。
　ウ　そのため法定期間内に相続を承認するか放棄するかの判断をすることは困難であるので、この期間を○か月伸長していただきたく申立の趣旨記載の通りの審判を求める。
⑤ 主な添付書類には次の種類がありますが、申立書作成時に家庭裁判所に確認をしておきます。
　ア　申立人の戸籍謄本（戸籍の全部事項証明書）
　イ　被相続人の戸籍の除籍謄本

4　遺言書の検認に関する家事事件の申立

(1)　遺言書の検認とは、公正証書による遺言書以外の遺言書の保管者又は遺言書を発見した者が、家庭裁判所で遺言書の存在と内容を確認することを求める手続をいいます。検認の手続は遺言書の内容の真否や有効無効を判定するものではありませんから、検認を受けたからといって遺言書の効力は確定しません。検認や開封の手続を怠った場合は過料の制裁があります。

　　検認の申立人は、遺言書の保管者又は遺言書を発見した相続人となります。申立書用紙は、家事審判申立書用紙（巻末附録1）を使用し、事件名の欄には「遺言書の検認」と記入します。申立書の提出先は、相続開始地（被相続人の最後の住所地）の家庭裁判所となります。申立手数料は遺言書1通につき800円分の収入印紙が必要ですが、そのほか家庭裁判所の指定する種類の郵便切手も提出する必要があります。

(2)　「家事審判申立書（遺言書の検認）」用紙に記入する主な事項は次の通り

です。
① 申立人の本籍、住所、氏名、生年月日、職業、電話番号
② 遺言者の本籍、最後の住所、氏名、生年月日
③ 各相続人の本籍、住所、氏名、生年月日（別紙に記載して添付する）
④ 「申立の趣旨」欄には、例えば、「遺言者の自筆証書による遺言書の検認を求める」と記入
⑤ 「申立の理由」欄に次の記載例のように理由を箇条書きで記入
　ア　申立人は、遺言者から平成〇年〇月〇日に遺言書を預かり、申立人の自宅の金庫に保管していた。
　イ　申立人は、遺言者が平成〇年〇月〇日に死亡したので、遺言書（封印されている）の検認を求める。
　ウ　相続人は、別紙に記載した通りである。
⑥ 主な添付書類には次の書類がありますが、申立書作成時に家庭裁判所に確認をしておきます。
　ア　遺言者の出生から死亡までの戸籍の除籍謄本
　イ　相続人全員の戸籍謄本（戸籍の全部事項証明書）
　ウ　封印のある遺言書（封印とは封筒に封のためにした押印をいいます）
　　（検認期日に持参することが多いので家庭裁判所に事前に確認する）
　エ　申立人が相続人でない場合は免許証その他の身分証明書の写し

5　遺言執行者の選任に関する家事事件の申立

(1)　遺言執行者とは、相続財産の管理その他の遺言の執行に必要な一切の行為をする権利義務を有する者をいいます。遺言書で遺言執行者による遺言の執行が必要な場合（例えば、認知の届出、相続人の廃除や廃除の取消）に、遺言執行者が指定されていない場合や遺言執行者がいなくなった場合には、相続人その他の利害関係人の申立により家庭裁判所が遺言執行者を選任します。

　申立人は、相続人その他の利害関係人となります。例えば、遺言者の債権者、遺贈（遺言による遺産の譲与）を受けた者も含まれます。

　申立書用紙は、家事審判申立書用紙（巻末附録1）を使用し、事件名の欄には「遺言執行者の選任」と記入します。申立書の提出先は、相続開

始地（遺言者の最後の住所地）の家庭裁判所となります。申立手数料は遺言書１通につき800円分の収入印紙が必要ですが、そのほか家庭裁判所の指定する種類の郵便切手も提出する必要があります。

(2) 「家事審判申立書（遺言執行者の選任）」用紙に記入する主な事項は次の通りです。
　① 申立人の本籍、住所、氏名、生年月日、職業、電話番号
　② 遺言者の本籍、最後の住所、氏名、生年月日、死亡当時の職業
　③ 「申立の趣旨」欄には、例えば、「遺言者の平成〇年〇月〇日にした遺言につき、遺言執行者を選任するとの審判を求める」と記入
　④ 「申立の理由」欄に次の記載例のように理由を箇条書きで記入
　　ア　申立人は、遺言者から別紙の遺言書写し記載の通り、遺言者所有の土地の遺贈を受けた者である。
　　イ　この遺言書は、平成〇年〇月〇日に御庁において検認を受けたが（平成〇年（家）第〇〇〇号）、遺言執行者の指定がないので、その選任を求める。
　　ウ　遺言執行者として弁護士である次の者を選任することを希望する。
　　　住所　　〇県〇市〇町〇丁目〇番〇号
　　　氏名　　〇〇〇〇
　　　事務所　〇県〇市〇町〇丁目〇番〇号　　〇〇法律事務所
　⑤ 主な添付書類には次の書類がありますが、申立書作成時に家庭裁判所に確認をしておきます。
　　ア　遺言者の死亡の記載のある戸籍の除籍謄本
　　イ　遺言書の写し
　　ウ　申立人の戸籍謄本（遺言者の親族でない場合は、例えば、金銭消費貸借契約書写しのような利害関係を証する書類）
　　エ　遺言執行者の候補者の住民票

6　遺留分の放棄の許可に関する家事事件の申立

(1) 遺留分とは、被相続人の兄弟姉妹以外の相続人（子、直系尊属、配偶者）

のために法律上確保される最低限度の分け前の割合をいいます（Q8参照）。遺留分の割合は、①直系尊属だけの場合は遺産全体の3分の1、②その他の場合は遺産全体の2分の1となります。

　遺留分の放棄は、相続開始後では家庭裁判所の許可は不要ですが、相続開始前の遺留分の放棄には家庭裁判所の許可が必要です。

　申立人は、遺留分を有する推定相続人（相続開始により相続人となるべき者）となります。申立書用紙は、家事審判申立書用紙（巻末附録1）を使用し、事件名の欄には「遺留分の放棄の許可」と記入します。申立書の提出先は、被相続人となる者の住所地の家庭裁判所となります。申立手数料は1件につき800円分の収入印紙が必要ですが、そのほか家庭裁判所の指定する種類の郵便切手も提出する必要があります。

(2) 「家事審判申立書（遺留分の放棄の許可）」用紙に記入する主な事項は次の通りです。
　① 申立人の本籍、住所、氏名、生年月日、職業、電話番号
　② 被相続人の本籍、住所、氏名、生年月日、職業
　③ 「申立の趣旨」欄には、例えば、「被相続人○○○○の相続財産に対する遺留分を放棄することを許可する旨の審判を求める」と記入
　④ 「申立の理由」欄には、例えば、次の記載例のように理由を箇条書きで記入
　　ア　申立人は、被相続人の長男であるが、2年前に自宅を購入するに際して、被相続人から多額の資金援助を受けており、申立人は会社役員として相当の収入もあるので生活は安定している。
　　イ　このような事情から、申立人は、被相続人の遺産を相続する意思がなく、相続開始前において遺留分を放棄したいと考えているので、申立の趣旨の通りの審判を求める。
　⑤ 主な添付書類には次の書類がありますが、申立書作成時に家庭裁判所に確認をしておきます。
　　ア　申立人の戸籍謄本（戸籍の全部事項証明書）
　　イ　被相続人の戸籍謄本

7　遺産の分割に関する家事事件の申立

(1)　遺産の分割とは、同順位の相続人が複数いる場合に、各相続人の相続分に従って、誰がどの遺産を取るのかを定めることをいいます。遺産の分割について共同相続人間に協議が調わない場合や協議ができない場合には、各共同相続人は、他の共同相続人全員を相手方として遺産分割について家庭裁判所に申立をすることができます。

　　遺産分割は、家事事件手続法の別表第二事件（巻末附録4）ですから、調停又は審判のいずれの申立もできますが、通常は調停の申立をして調停不成立の場合に審判の手続に移行します。

　　申立人は、各共同相続人、包括受遺者（遺産の全部又は一定割合の遺贈を受けた者）、相続分の譲受人（相続人から遺産分割前にその相続分を譲り受けた者。民法905条）となります。申立書用紙は、家事調停申立書用紙（巻末附録2）の特別の書式「遺産分割調停申立書」用紙を使用します。申立書の提出先は、相手方となる共同相続人の中の一人の住所地の家庭裁判所又は当事者の合意で定める家庭裁判所となります。申立手数料は被相続人1人につき1200円分の収入印紙が必要ですが、そのほか家庭裁判所の指定する種類の郵便切手も提出する必要があります。

(2)　特別の書式「遺産分割調停申立書」用紙に記入する主な事項は次の通りです。
　　① 申立人の本籍、住所、氏名、生年月日、被相続人との続柄
　　② 被相続人の本籍、最後の住所、氏名、死亡年月日
　　③ 各相手方の本籍、住所、氏名、生年月日、被相続人との続柄
　　④ 「申立の趣旨」欄には、「被相続人の遺産の分割の調停を求める」と記入
　　⑤ 「申立の理由」欄には、次の記載例の□の該当欄にレを記入

遺産の種類及び内容	別紙遺産目録記載の通り		
被相続人の債務	□有	□無	□不明
特別受益	□有	□無	□不明
遺言	□有	□無	□不明
遺産分割協議書	□有	□無	□不明

申立の動機　　　□分割の方法が決まらない
　　　　　　　　　　　□相続人の資格に争いがある
　　　　　　　　　　　□遺産の範囲に争いがある
　　　　　　　　　　　□その他（　　　　　　　　　）
⑥　「遺産目録」として次の事項を記載して作成します。土地・建物については、不動産登記簿謄本の通りに記載します。
　　ア　土地については、所在、地番、地目、地積
　　イ　建物については、所在、家屋番号、種類、構造、床面積
　　ウ　預金については、銀行名と支店名、預金種別、口座番号、口座名義、金額
　　エ　株式については、会社名、株式数
⑦　被相続人から生前に贈与を受けたりして特別の利益を得ている者がいる場合は、遺産目録の記載に準じて「特別受益目録」を作成します。
⑧　主な添付書類には次の書類がありますが、申立書作成時に家庭裁判所に確認をしておきます。
　　ア　申立人の戸籍謄本（親族以外の場合は申立権を証する書類写し）
　　イ　被相続人の出生から死亡までの戸籍の除籍謄本
　　ウ　相手方（各共同相続人）の戸籍謄本
　　エ　遺産目録
　　オ　特別受益目録
　　カ　不動産登記簿謄本（全部事項証明書）
　　キ　固定資産評価証明書
　　ク　預金通帳写し、有価証券写し

第 3 章●
遺言書の書き方と遺言の執行

Q20 遺言の仕方には、どんな種類がありますか

1 遺言の仕方の種類

(1) 遺言の仕方（方式）には、次の7つの方式が民法に規定されていますが、遺言は民法に定めた方式に従っていない場合は無効となります（民法960条）。遺言は遺言者の死亡後に効力を生じるものであり、内容確認が不可能ですから厳格な方式を規定しているのです。遺言は、満15歳以上の者なら誰でも自由にすることができます（民法961条）。

① 自筆証書遺言　（民法968条）
② 公正証書遺言　（民法969条）
③ 秘密証書遺言　（民法970条）
④ 死亡の危急に迫った者の遺言（一般危急時遺言）（民法976条）
⑤ 船舶遭難者の遺言（遭難船舶危急時遺言）（民法979条）
⑥ 伝染病隔離者の遺言　（民法977条）
⑦ 在船者の遺言　（民法978条）

(2) 遺言の方式には、上記の7つがありますが、①②③を普通方式といい、④⑤⑥⑦を特別方式といいます。特別方式は、死亡の危急に迫っている場合や隔離された場所にいるといった特別の事情があって、普通方式によることが不可能な場合や困難な場合に例外的に認められるものです。

特別方式（上記の④⑤⑥⑦の方式）によってした遺言は、遺言者が普通方式（上記の①②③の方式）によって遺言をすることができるようになった時から6か月間生存する場合には、その効力は生じないとされています（民法983条）。

実際に多く利用される方式は、①の自筆証書遺言と②の公正証書遺言の二つです。

2　遺言の７つの方式の要点

(1)　自筆証書遺言とは、遺言者が、①遺言書の全文、②作成年月日、③氏名を自書（自分自身で書くこと）し、④自分の印鑑を押印することによって成立する遺言をいいます（民法968条１項）。遺言書の作成が簡単で費用もかからず、証人も不要で、遺言書を作成したことを誰にも知られない便利な方式です。遺言者の死亡後の家庭裁判所の検認が必要です。詳細はQ22で説明します。

(2)　公正証書遺言とは、遺言者が、証人２人以上の立ち会いで公証人に遺言内容を口述し公証人が公正証書として作成する遺言をいいます（民法969条）。公証人とは、各地の法務局等に所属して公正証書（法律関係や事実を公に証明した文書）を作成する権限を有する公務員をいいます。公正証書の作成には遺産額によっては多額の費用がかかる場合がありますが、公証人が作成しますから遺言書の効力が問題となる可能性は少ないといえます。遺言者の死亡後の家庭裁判所の検認は不要です。詳細はQ24で説明します。

(3)　秘密証書遺言とは、①遺言者が遺言書に署名押印し、②封筒に入れて封印のうえ、③公証人と証人２人以上の前に提出して、④公証人が日付と遺言者の申述（自分の遺言書である旨と書いた者の氏名・住所）を記載した後、⑤遺言者と証人が署名押印をすることにより成立する遺言をいいます。遺言書に署名押印は必要ですが、遺言書の作成に自書は要求されていませんから、パソコンで作成することも可能です。遺言内容は秘密にできますが、公証人や証人の費用がかかりますし、遺言者の死亡後の家庭裁判所の検認が必要です。

(4)　死亡の危急に迫った者の遺言とは、病気その他の事由によって死亡の危急に迫った者が証人３人以上の立ち会いを得てその一人に遺言内容を口述し筆記してもらう方法により作成する遺言をいいます。しかし、この場合の遺言書は遺言の日から20日以内に証人の一人又は利害関係人からの請求により家庭裁判所の確認の審判を得なければ効力を生じませ

ん。

(5) 船舶遭難者の遺言とは、遭難船舶中に在って死亡の危急に迫った者が証人2人以上の立ち会いを得てその一人に遺言内容を口述し筆記してもらう方法により作成する遺言をいいます。しかし、この場合の遺言書は作成後に遅滞なく証人の一人又は利害関係人からの請求により家庭裁判所の確認の審判を得なければ効力を生じません。

(6) 伝染病隔離者の遺言とは、伝染病のため行政処分によって交通を絶たれた場所に在る者が警察官一人と証人一人以上の立ち会いを得て作成する遺言をいいます。遺言者、筆記した者、警察官、証人は、いずれも署名と押印をします。家庭裁判所の確認は不要です。

(7) 在船者の遺言とは、船舶中に在る者が船長又は事務員一人と証人2人以上の立ち会いを得て作成する遺言をいいます。遺言者、筆記した者、船長又は事務員、証人は、いずれも署名と押印をします。家庭裁判所の確認は不要です。

3 遺言能力と遺言の法律的性質

(1) 遺言をすることができる能力について民法は「満15歳に達した者は、遺言をすることができる」と規定しています（民法961条）。代理人による遺言は認められませんから、15歳未満の者は遺言をすることはできません。

民法に規定する①未成年者、②成年被後見人、③被保佐人、④被補助人のような行為能力（単独で契約のような法律行為のできる能力）を制限されている者も、遺言については行為能力の制限の規定は適用されません（民法962条）。

① 未成年者とは、満20歳未満の者をいいます（民法4条）。
② 成年被後見人とは、精神上の障害により判断能力を欠く常況にあり家庭裁判所の後見開始の審判を受けた者をいいます（民法7条）。
③ 被保佐人とは、精神上の障害により判断能力が著しく不十分な者で

家庭裁判所の保佐開始の審判を受けた者をいいます（民法11条）。
④　被補助人とは、精神上の障害により判断能力が不十分な者で家庭裁判所の保佐開始の審判を受けた者をいいます（民法11条）。

　　ただ、成年被後見人の遺言については、判断能力が一時回復した時において遺言をするには、医師2人以上の立ち会いが必要となります（民法973条1項）。

(2)　遺言は、2人以上の者が同一の証書（遺言書）ですることはできません（民法975条）。2人以上の者が同一の遺言書でした遺言は無効となります。各人の遺言の自由や遺言撤回の自由を制限することになるので、民法は共同遺言を禁止したのです。

　　夫婦であっても同一の遺言書で共同して遺言をすることはできませんが、独立した遺言書を同一の封筒に入れている場合は、共同遺言には当たりません。判例では、夫名義の遺言書と妻名義の遺言書を綴じて契印をしているが、容易に切り離すことができる自筆証書遺言については、禁止された共同遺言には当たらないとしています。

(3)　遺言は、遺言者の生前の最終の意思表示であり死後に効力を発生するものですから、次のような法律的性質を持っています。
①　遺言は、民法に規定する厳格な方式（方法）に従わなければ無効となる要式行為（法律に定める方式によらないと無効又は不成立とされる行為）とされています。
②　遺言は、遺言者本人の独立の真意に基づくことが必要ですから、親権者、成年後見人、保佐人、補助人のような保護者の同意は必要としません。
③　遺言は、相手方のない単独行為（遺言者の一方的な意思表示だけで法律効果が発生する行為）とされていますから、契約のような承諾を必要としません。
④　遺言は、法律で定められた事項に限って効力を生じます。
⑤　遺言は、遺言をした後、生前にいつでも何らの理由がなくても自由に撤回したり変更したりすることができます。

⑥　遺言は、死亡によって効力を生ずる点で死因贈与契約と似ていますが、相手方の承諾を必要とする契約とは異なり単独行為です。

Q21 遺言ができる事項には、どんな制約がありますか

1 遺言ができる事項の制約
(1) 遺言は、法律に定められた事項に限ってすることができます。法律によって遺言ができると定められた事項（遺言事項）以外の事項について遺言をしても法的な効力は生じません。遺言事項には、①遺言によってのみすることができる事項と、②遺言によっても生前の行為によってもすることのできる事項とがあります。

(2) 遺言事項以外の事項について遺言をしても遺言としての法的拘束力は生じませんが、遺言書に記載することはできます。例えば、①兄弟姉妹が仲良くするようにという遺言、②葬式の方法を指定したり香典は辞退するようにという遺言、③家業の営業方針や家訓を記載した遺言も、遺言者の生前の最終の意思を表示したものとして道徳的意味を持つものといえます。

2 遺言によってのみすることのできる遺言事項
(1) 相続分の指定又は相続分の指定の第三者への委託（民法902条）
　被相続人は、遺言で、共同相続人の相続分（各人の分け前の割合）を定め又は相続分を定めることを第三者に委託することができます。ただし、被相続人又は委託された第三者による相続分の指定は、遺留分（Q8参照）の規定に違反することはできないとされていますが、遺留分の規定に違反する遺言が無効になるのではなく、自分の遺留分を侵害された相続人が不足分を取り戻すことになります。

(2) 遺産の分割方法の指定又は分割方法の指定の第三者への委託（民法908条前段）

被相続人は、遺言で、遺産の分割方法を指定し又は分割方法の指定を第三者に委託することができます。分割方法には、①遺産を現物で分割する方法、②換金をして金銭で分割する方法、③特定の相続人に遺産を帰属させて他の相続人に代償を支払う方法、④その他の方法がありますが、甲土地は相続人Ａに、乙土地は相続人Ｂにというような遺産分割の実行の指定も含まれます。

(3)　遺産の分割の禁止（民法908条後段）
　被相続人は、遺言で、相続開始時（被相続人の死亡時点）から５年以内の期間を定めて遺産の分割を禁止することができます。禁止した期間が終了した場合でも共同相続人全員の協議によって更に分割禁止期間を継続することができます。

(4)　遺言執行者の指定又は遺言執行者の指定の第三者への委託（民法1006条１項）
　遺言者は、遺言で、一人又は複数の遺言執行者を指定し、又は遺言執行者の指定を第三者に委託することができます。遺言執行者の指定又は指定の委託の遺言は、執行すべき事項を指示した遺言書と同一の遺言書で指定をする必要はなく、別の遺言執行者のみを指定する遺言書によることもできます。

(5)　未成年後見人や未成年後見監督人の指定（民法839条・848条）
　未成年者に対して最後に親権を行う者は、遺言で、未成年後見人を指定することができますが、財産管理権を有しない者は除かれます。父母が共同親権者の場合は父母の一方が遺言で未成年後見人を指定しても効力を生じません。遺言者の死亡により生存配偶者が単独で親権を行使することになるからです。また、未成年後見人を指定することができる者は、遺言で、未成年後見監督人を指定することができます。

(6)　遺産分割における共同相続人間の担保責任の指定（民法914条）
　被相続人は、遺言で、民法に規定する遺産分割での共同相続人間の担

保責任（民法911条・912条・913条）について別段の意思表示をすることができます。例えば、遺言書で特定の相続人だけが責任を負担するような場合です。しかし、共同相続人全員の合意によって遺言に従わずに担保責任の内容を変更できると解されています。

(7) 遺贈の減殺方法の指定（民法1034条但書）

　遺言者は、遺言で、複数の遺贈があった場合にその目的物の価額の割合に応じて減殺する旨の規定とは別の意思表示をすることができます。遺留分（Q8）を侵害された相続人は、遺留分を保全する限度で遺贈や贈与を減殺（減らすこと）することができます。

3　遺言によっても生前の行為によってもすることのできる事項

(1) 認知（民法781条）

　認知は、生前に戸籍法の規定によって届け出ることによってすることができますが、遺言によってもすることができます。遺言による認知は、遺言執行者が戸籍法の規定により届出をしますが、認知の効力は遺言者の死亡によって発生しますから届出がなくても認知は有効となります。

(2) 推定相続人の廃除又は廃除の取消（民法892条～894条）

　被相続人は、生前に非行のあった遺留分を有する推定相続人の廃除を家庭裁判所に請求をすることができますが、遺言で廃除の意思表示をすることもできます。遺言による推定相続人の廃除の意思表示があった場合は、遺言の効力が生じた後、遺言執行者が家庭裁判所に廃除の請求をします。

　被相続人は、生前に廃除された推定相続人の廃除の取消を家庭裁判所に請求をすることができますが、遺言で廃除の取消の意思表示をすることもできます。遺言による推定相続人の廃除の取消の意思表示があった場合は、遺言の効力が生じた後、遺言執行者が家庭裁判所に廃除の取消の請求をします。

(3) 祖先の祭祀の主宰者の指定（民法897条1項但書）

被相続人は、生前に祭祀財産（系譜、祭具、墳墓）の承継者を指定することができますが、遺言によって祭祀承継者を指定することができます。祭祀承継者の資格に制限はありませんから、相続人でなくてもよく、親族関係の有無も問いません。

(4) 被相続人の財産の処分（民法549条・964条、一般財団法人法152条等）
　被相続人は、生前に自分の財産を贈与したり財団法人設立のために出資したりすることができますが、遺言によって遺贈（遺言による遺産の無償譲与）をしたり、財団法人の設立をすることができます。遺言による場合は遺言内容の執行として遺言執行者が行います。

(5) 特別受益者の相続分の指定（903条3項）
　被相続人は、生前に共同相続人の一部の者に婚姻や養子縁組のため又は生計の資本として贈与をした場合の民法の規定による特別受益者の相続分の計算方法と異なる別段の意思表示（例えば特別受益を考慮せず計算する）ができますが、この別段の意思表示は遺言によってもすることもできます。

(6) 信託法の規定による信託（信託法2条・3条2号）
　被相続人は、生前行為により信託法の規定による信託ができますが、遺言によってもすることもできます。信託とは、信託法に規定する方法により特定の者が一定の目的に従い財産の管理又は処分及びその他の当該目的の達成のために必要な行為をすべきものとすることをいいます。

(7) 生命保険金の受取人の変更（保険法44条）
　被相続人は、保険契約者として生前行為により生命保険金の受取人の変更をすることができますが、平成22年4月に施行された保険法44条により遺言によってもすることができるとされました。ただ、遺言による生命保険金受取人の変更は、その遺言が効力を生じた後、保険契約者の相続人がその旨を保険者(生命保険会社)に通知しなければ、これをもって保険者に対抗（主張）することができないとされています。

Q22 自筆証書の遺言書の作り方は、どうするのですか

1 自筆証書の遺言書とは

(1) 自筆証書の遺言書とは、遺言者自身が、①遺言書の全文、②作成した年月日、③自分の氏名を自分で書いて、④その遺言書に自分の印鑑を押印することによって成立する遺言書をいいます（民法968条1項）。次の4つの要件のいずれかを欠いている自筆証書の遺言書は無効となります。
  ① 遺言者自身が遺言書の全文を書くこと
  ② 遺言者自身が作成した年月日を書くこと
  ③ 遺言者自身が自分の氏名を書くこと
  ④ 遺言者自身が自分の印鑑を押印すること

(2) 「遺言者自身が遺言書の全文を書くこと」が必要ですから、パソコン、ワープロ、タイプライターを用いて作成した遺言書は無効となります。自筆によることを要求するのは筆跡によって作成者を確認することができるからです。ビデオテープ・録音テープに収録したものや口述した内容を他人が筆記したものも遺言書としての効力はありません。遺言書に使用する文字は日本文字に限らず外国文字でもかまいません。

(3) 「遺言者自身が作成した年月日を書くこと」が必要ですから、日付のゴム印を使用した遺言書や年月だけで日付のない遺言書は無効となります。日付は還暦の日とか喜寿の日、満70歳の誕生日のように作成年月日が特定できる場合は有効となりますが、日付の記載は、西暦又は元号によって年月日を明記することが大切です。日付が要求されるのは、遺言書作成時点の遺言能力の有無や遺言書の作成の前後を確定するのに必要だからです。遺言書が複数存在した場合は、最も新しい作成日付の遺言書のみが有効となります。

(4) 「遺言者自身が自分の氏名を書くこと」が必要ですから、氏名のゴム印を使用した遺言書は無効です。氏名は遺言者の同一性を明確にするものですから、普段から用いている通称や雅号でもよいと解されていますが、戸籍上の氏名を明記することが大切です。氏名の自書のない場合は他の部分から作成者が特定できても遺言書は無効となります。

(5) 「遺言者自身が自分の印鑑を押印すること」が必要ですが、必ずしも実印（市町村役場に登録をした印鑑）でなくてもよく、認め印でかまいません。判例は印鑑に代えて拇印や指印でもよいとしていますが、重要書類ですから氏名の署名の後に印鑑を押印します。押印は氏名の文字と重ならないように押印します。遺言書が2枚以上になった場合は一般に綴じ目に押印（契印）をしますが、判例は、契印はなくても遺言書は有効としています。

(6) その他の自筆証書の遺言書の作成上の注意点は次の通りです。
① 自筆証書の遺言書中に加除その他の変更をする場合には、遺言者が、その場所を指示し、これを変更した旨を付記して特にこれに署名をし、かつ、その変更の場所に押印をしなければ変更の効力を生じません（民法968条2項）。遺言書の加除訂正には厳格な方式が要求されますから、遺言書を書き直すのが無難です。
② 自筆証書の遺言書の内容を撤回したり変更する場合には、新たに自筆証書の遺言書その他の方式（例えば、公正証書の遺言書）による遺言書を作成します。例えば、自筆証書遺言を新たな公正証書遺言により撤回又は変更をすることができますし、公正証書遺言を新たな自筆証書遺言によって撤回又は変更をすることもできます。遺言の方式に関係なく遺言書が複数存在する場合には、最も新しい作成日付の遺言書のみが有効となります。

2 自筆証書の遺言書の作り方

(1) 自筆証書の遺言書の作り方は決まっていませんが、次のような注意が

必要です。

① 遺言書の用紙に制限はありませんが、一般にＡ４サイズの丈夫な用紙を使用します。書き方は横書きでも縦書きでもかまいませんが、登記所その他の官公署の文書も横書きですから横書きにする場合が多くなっています。

② 筆記用具の制限もありませんが、一般に黒のボールペンやサインペン、万年筆、筆を使用します。

③ 遺言書の作成者の印鑑は普段から使用している認め印でもかまいませんが、なるべく実印（住所地の市町村役場に登録している印鑑）を使用します。

(2) 自筆証書の遺言書の記載例は次の通りです。記載例の固有名詞は架空のものです。

(記載例)

```
                    遺言書
遺言者東京太郎は、下記の通り遺言をする。
                     記
1  妻東京花子に次の財産を相続させる。
   (1)   土地   所在   東京都渋谷区茜町二丁目
               地番   5番
               地目   宅地
               地積   382.07平方メートル
   (2)   建物   所在   東京都渋谷区茜町二丁目5番地
               家屋番号   5番
               種類   居宅
               構造   木造瓦葺2階建
               床面積   1階   182.30平方メートル
                       2階   68.06平方メートル
2  長男東京一郎に次の財産を相続させる。
   (1)   ○○商事株式会社の株式の全部
```

(2)　Ａ銀行〇〇支店の遺言者名義の定期預金（口座番号0000000）の全部
3　二男東京二郎に次の財産を相続させる。
　(1)　土地　所在　東京都渋谷区茜町三丁目
　　　　　　地番　8番
　　　　　　地目　宅地
　　　　　　地積　452.08平方メートル
　(2)　〇〇建設株式会社の株式の全部
4　長男の妻東京友子に次の財産を遺贈する。
　　Ｂ銀行〇〇支店の遺言者名義の定期預金（口座番号0000000）の全部
5　祖先の祭祀を主宰する者として長男東京太郎を指定する。祭祀に必要な費用に充てるため長男東京太郎に次の財産を相続させる。
　　Ｃ銀行〇〇支店の遺言者名義の定期預金（口座番号0000000）の全部
6　以上に掲げた財産以外の財産は、すべて妻東京花子に相続させる。
7　三男東京三郎は、遺言者に暴行を加えて虐待し続けたので、遺言者は、三男東京三郎を廃除する意思を表示する。
8　この遺言書の遺言執行者として長男東京一郎を指定する。
平成〇年〇月〇日
　　　　　　　　　　　　　　　　遺言者　　東京太郎　　(印)

（上記の遺言書の説明）
　①　上記の土地と建物の表示は、不動産登記簿謄本（全部事項証明書）の記載の通りに表記します。相続による所有権移転の登記に便利だからです。
　②　上記の「相続させる」という表記は相続人の場合に使用し、相続人以外の場合には「遺贈する」と記載します。「相続させる」と「遺贈する」の違いは、Q23の1で説明します。
　③　上記の4の「長男の妻」は相続人とはなりませんから、「遺贈する」と記載します。相続人以外の者に遺産を譲与する場合は「遺贈する」と表記します。
　④　上記の遺言執行者は、相続人の廃除の家庭裁判所への申立に必要で

すから必ず指定します。相続人以外の者を指定する場合は、その者の氏名や住所で特定します。
⑤　遺言者の押印は、なるべく実印（遺言者の住所地の市町村役場に登録した印鑑）を使用しますが、実印のない場合は普段に使用している認め印を使用します。拇印や指印は避けることとします。押印の位置は、横書きの場合は署名の右側、縦書きの場合は署名の下としますが、文字に重ならないように押印します。
⑥　遺言書が2枚以上になる場合はホチキスで綴じて綴り目に押印に使用した印鑑で契印（割印）をします。この契印について民法に規定はありませんが、契印がない場合でも1通の遺言書であると確認できた場合は有効な遺言書と判断されます。
⑦　遺言書の加除その他の変更は、遺言者が、その場所を指示し、これを変更した旨を付記して特にこれに署名し、かつ、その変更の場所に印を押さなければ、その効力を生じないとされています（民法968条2項）。加除・訂正のある場合は、全部を書き直すのが無難です。

⑶　自筆証書の遺言書の保管の仕方は自由ですが、一般に遺言内容の秘密の保持や偽造防止のために封筒に入れて遺言書に押印した印鑑で封印をして保管します。この場合には、例えば、①封筒の表面には「遺言書在中」と記載し、②封筒の裏面には「この遺言書は、遺言者の死後、遅滞なく、開封せずに家庭裁判所に提出すること。家庭裁判所以外で開封すると過料に処せられる。平成○年○月○日　遺言者　東京太郎（印）」と記載して押印をします。遺言書を遺言執行者に保管してもらう場合もあります。

Q23 遺言書の内容で注意することは、どんなことですか

1 「相続させる」と「遺贈する」の相違

(1) 「相続させる」も「遺贈する」も、被相続人が遺言により遺産を無償で譲与する点では似ていますが、「相続させる」とは、遺言者が特定の相続人に対して特定の遺産を承継させる遺産分割方法の指定をいいます。これに対して、「遺贈する」とは、遺言者が遺言によって遺産の全部又は一部を相続人以外の者に無償で譲与することをいいます。従って、遺言書では、「相続させる」という表記は相続人の場合に使用し、相続人以外の場合には「遺贈する」と記載します。遺言書に相続人以外の者に「相続させる」という表記をしていても、「遺贈する」という趣旨に解釈されます。また、相続人に「遺贈する」としている場合は、登記の方法が「相続させる」の場合と異なります（Q31，32）。

(2) 「相続させる」対象となる財産については、当然に指定された相続人が承継しますから遺産分割の対象とはなりません。すべての遺産が「相続させる」遺言の対象となっている場合は、遺産分割の余地はなくなります。例えば、「相続人Aに甲土地を相続させる」という遺言があった場合は、甲土地を承継した相続人Aは、相続による所有権移転の登記なしに所有権を第三者に対抗（主張）することができます。これに対して、遺贈の場合は、受遺者（遺贈を受けた者）と遺言執行者又は相続人との共同申請による所有権取得の登記が必要です。遺贈の場合は、包括遺贈（遺産の全部又は一定割合の遺贈）でも、特定遺贈（遺産の中の特定の物の遺贈）でも、共同申請による所有権移転の登記が必要です。

(3) 「相続させる」遺言によって所有権移転の登記の申請をする場合は、相続人の単独申請が可能です。この場合の登記申請に必要な登録免許税

の税率は、固定資産評価額（不動産の価額）の1,000分の4とされています。これに対して、受遺者が遺贈による所有権移転取得の登記申請をする場合は、固定資産評価額の1,000分の20とされています。

(4) 「相続させる」遺言によって遺産を相続するものとされた相続人である子Aが遺言者より前に死亡した場合は、遺言者がその相続人Aの代襲者である孫Bに相続させる意思を有していたと認める特段の事情のない限り、代襲者が相続することはできません（最高裁平成23年2月22日判決）。

2 遺言書で推定相続人の廃除や廃除の取消をする場合

(1) 遺留分（Q8参照）を有する推定相続人（兄弟姉妹以外の相続人）の廃除（相続資格を奪うこと）や廃除の取消は、被相続人が生前に家庭裁判所に対して推定相続人の廃除又は廃除の取消の審判の申立をしますが、被相続人は、遺言によっても廃除や廃除の取消をすることができます（民法892条～894条）。しかし、遺言によって廃除や廃除の取消をする場合には、家庭裁判所に対して廃除や廃除の取消の審判の申立をする遺言執行者を指定しておく必要があります。遺言執行者の指定の記載例は次の通りです。

（記載例）

```
遺言者は、遺言執行者として次の者を指定する。
　　住所　　〇県〇市〇町〇丁目〇番〇号
　　氏名　　〇〇〇〇　　（生年月日　昭和〇年〇月〇日生）
```

(2) 推定相続人の廃除ができる事由としては、①被相続人に対して虐待をした場合、②被相続人に重大な侮辱を加えた場合、又は③推定相続人にその他の著しい非行があった場合とされていますから、遺言書には、(a)これらの廃除のできる事由と、(b)廃除の意思表示を明確に記載する必要があります。廃除の取消の場合には特に理由を必要としませんから、廃除の取消の意思表示を明確に記載します。

（廃除の記載例）

> 遺言者は、長男太郎（昭和○年○月○日生）が常に遺言者に暴行を加えて虐待し続けるので、長男太郎を廃除する。

（廃除の取消の記載例）
> 遺言者は、長男太郎（昭和○年○月○日生）についての廃除を取り消す。

(3) 被相続人が遺言書に遺言執行者を指定していなかった場合や指定していた遺言執行者がなくなった場合は、利害関係人（例えば、相続人）から家庭裁判所に対して遺言執行者の選任の申立をして、選任された遺言執行者から廃除や廃除の取消の申立をすることになります（民法1010条）。

3 遺言書で認知をする場合

(1) 認知（法律上の婚姻関係のない男女の子を自分の子と認めること）は、被相続人が生前に戸籍法の規定によって届け出ることによってすることができますが、遺言によっても認知をすることができます（民法781条）。しかし、被相続人の死後の認知の届け出は、遺言執行者が行いますから遺言書に明記しておく必要があります。

(2) 被相続人が遺言書に遺言執行者を指定していなかった場合や指定していた遺言執行者がなくなった場合は、利害関係人（例えば、相続人）から家庭裁判所に対して遺言執行者の選任の申立をして、選任された遺言執行者から認知の届け出をすることになります（民法1010条）。

(3) 遺言書により認知する場合の記載例は次の通りです。

（記載例）
> 遺言者は、自分と○○○○（○県○市○町○丁目○番○号、昭和○年○月○日生）との間に生まれた子である○○○○を自分の子として認知する。
> 　　氏名　　○○○○
> 　　住所　　○県○市○町○丁目○番○号

```
本籍      ○県○市○町○丁目○番
生年月日    平成○年○月○日
戸籍筆頭者    ○○○○
```

4 遺言書で相続分や遺産分割方法の指定を第三者に委託する場合

(1) 被相続人は、遺言書で相続分や遺産分割方法の指定をすることができますが、遺言書でその指定を第三者に委託することもできます（民法902条）。この場合の第三者の表記は、次の記載例のように氏名、住所、生年月日で特定する必要があります。

(2) 遺言書で相続分の指定を第三者に委託する場合は、次例のように記載します。

（記載例）
```
遺言者は、相続人の全員について、その相続分の指定をすることを次の者に委託する。
    住所    ○県○市○町○丁目○番○号
    氏名    ○○○○    （生年月日 昭和○年○月○日生）
```

(3) 遺言書で遺産分割方法の指定を第三者に委託する場合は、次例のように記載します。

（記載例）
```
遺言者は、遺言者の遺産全部について、その分割方法の指定をすることを次の者に委託する。
    住所    ○県○市○町○丁目○番○号
    氏名    ○○○○    （生年月日 昭和○年○月○日生）
```

5 遺言書で後見人、後見監督人、祭祀主宰者を指定する場合

(1) 遺言書で後見人を指定する場合は次の記載例のようになります。

（記載例）

> 遺言者は、長男○○が未成年者であるため後見人として次の者を指定する。
> 　　　住所　　○県○市○町○丁目○番○号
> 　　　氏名　　○○○○　　（生年月日　昭和○年○月○日生）

(2)　遺言書で後見監督人を指定する場合は次の記載例のようになります。

（記載例）

> 遺言者は、長男○○の後見監督人として次の者を指定する。
> 　　　住所　　○県○市○町○丁目○番○号
> 　　　氏名　　○○○○　　（生年月日　昭和○年○月○日生）

(3)　遺言書で祭祀主宰者を指定する場合は次の記載例のようになります。

（記載例）

> 遺言者は、祖先の祭祀を主宰すべき者として次の者を指定する。
> 　　　住所　　○県○市○町○丁目○番○号
> 　　　氏名　　○○○○　　（生年月日　平成○年○月○日生）

6　その他の遺言内容の記載例

(1)　二女○○○○が結婚することを停止条件（条件が実現した場合に効力を生じる条件）としてＡ土地を相続させる場合は次の記載例のようになります。

（記載例）

> 遺言者は、二女○○○○が結婚することを条件として二女にＡ土地を相続させる。

(2)　遺産分割を5年以内の期間禁止する場合の記載例は次の通りです。

（記載例）

> 遺言者は、遺産全部について、その分割を相続開始の時から5年間禁止する。

(3) 妻が死亡するまで同居して扶養する負担を付して長男に遺産を相続させる場合の記載例は次の通りです。
（記載例）

> 長男○○○○にＡ土地、Ｂ建物、Ｃ銀行○○支店の遺言者名義の定期預金（口座番号0000000）の全部を相続させることの負担として、長男は、妻○○○○が死亡するまで同居をして扶養することとする。

(4) 永代供養を受けられるように信託をする場合の記載例は次の通りです。
（記載例）

> 遺言者は、遺言者の財産のうち○○信託銀行○○支店の遺言者名義の定期預金（口座番号0000000）全額をもって以下の信託をする。
> ① 信託の目的　遺言者及びその祖先の永代供養のため供養料、法要費用及び墓地管理料を支払う。
> ② 受託者　○○信託銀行
> ③ 受益者　宗教法人○○寺
> ④ 信託財産の支払方法　信託財産からの収益により支払う。ただし、不足が生じた場合は元本から必要金額をその都度支払う。
> ⑤ 信託期間　33年。ただし、終了時に受託者に異議のない場合は、5年ずつ自動延長をする。

(5) 生命保険金の受取人を変更する場合の記載例は次の通りです。
（記載例）

> 遺言者は、平成○年○月○日付Ａ生命保険会社との間の生命保険契（記

号番号……、保険金額○千万円）の生命保険金の受取人を長男○○○○（昭和○年○月○日生）から二男○○○○（平成○年○月○日生）に変更する。

(6) 遺言者が相続分の指定をする場合の記載例は次の通りです。
（記載例）

遺言者は、次の通り相続分を指定する。		
妻 ○○○○（昭和○年○月○日生）		16分の4
長男 ○○○○（昭和○年○月○日生）		16分の9
二男 ○○○○（昭和○年○月○日生）		16分の1
長女 ○○○○（昭和○年○月○日生）		16分の1
二女 ○○○○（昭和○年○月○日生）		16分の1

(7) 遺言者が特定の遺産を特定の者に遺贈する場合の記載例は次の通りです。
（記載例）

遺言者は、遺言者の所有する次の土地を遺言者の姪○○○○（平成○年○月○日生）に遺贈する。
　　　土地の表示　　所在　　（省略）
　　　　　　　　　　地番　　（省略）
　　　　　　　　　　地目　　（省略）
　　　　　　　　　　地積　　（省略）

(8) 遺言者が遺産の全部を内縁の妻に遺贈（包括遺贈）する場合の記載例は次の通りです。
（記載例）

遺言者は、遺言者の所有する財産の全部を内縁の妻○○○○（昭和○年○月○日生）に遺贈する。

Q24 公正証書の遺言書の作り方は、どうするのですか

1 公正証書の遺言書とは

(1) 公正証書の遺言書とは、遺言者本人が証人2人以上の立ち会いを得て遺言の趣旨を公証人に口述して公証人が公正証書として作成する遺言書をいいます（民法969条）。公正証書とは、公証人が権利義務に関する事実について作成した証書をいいます。公証人とは、各地の法務局に所属して公正証書を作成する権限を有する公務員（定年後の元裁判官のような法律専門家）をいいます。

公正証書の遺言書の作成は、公証人が公証人役場で行うこととされていますが、例外として、遺言者が病気その他の理由で公証人役場に出向くことができない場合には、公証人に病院や自宅へ出張してきてもらって公正証書の遺言書を作成してもらうことも可能です（公証人法18条2項）。ただし、公証人が病床に出張した場合は手数料が5割増しになるうえ出張の交通費、宿泊料、日当の支払が必要になります。

(2) 公証人役場の所在場所は、NTTの職業別電話帳の「公証人」欄を見ると分かりますが、全国の人口の多い都市にしか置かれていません。遺言者は、全国のどこの公証人役場の公証人にも遺言書を作成してもらうことができますから、遺言者にとって便利な公証人役場を選びます。ただし、公証人の職務の執行できる区域は所属する法務局又は地方法務局の管轄区域内に限られていますから、管轄区域の外へ行って職務を行うことはできません（公証人法17条）。

2 公正証書の遺言書の要件

(1) 公正証書の遺言書も民法に規定する方式に従って作成しなければ遺言書の効力は生じません。公正証書の遺言書の作成は、次の要件を満たす

ことが必要です（民法969条）。
① 証人2人以上の立ち会いがあること。
② 遺言者本人が遺言の趣旨を公証人に口述して伝えること。
③ 公証人が、遺言者の口述を筆記し、これを遺言者と証人に読み書かせ又は閲覧させること。
④ 遺言者と証人が、筆記の正確なことを承認した後、各自これに署名し押印をすること。ただし、遺言者が署名することができない場合は、公証人がその事由を付記して署名に代えることができます。
⑤ 公証人が、その証書は上記の①から④の方式に従って作成したものである旨を付記して、これに署名し押印をすること。

(2) 次の者は、遺言書の作成の証人となることはできません（民法974条）。
① 未成年者（満20歳未満の者）
② 推定相続人（相続開始により相続人となるべき者）及び受遺者（遺贈を受ける者）並びにこれらの配偶者及び直系血族
③ 公証人の配偶者・4親等内の親族・書記・使用人
　立会人（民法973条の成年被後見人の遺言の場合の医師）となることのできない者も上記の証人の場合と同じです。証人や立会人となることのできない者が立ち会った場合の遺言書は無効となります。

(3) 公正証書の遺言書は、遺言者の口述によって公証人が作成しますから、かつては、口がきけない者（言語機能障害者）や耳が聞こえない者（聴覚機能障害者）は公正証書の遺言書は作成できないとされていましたが、平成12年民法改正により次の通り可能となりました（民法969条の2）。
① 口がきけない者が公正証書により遺言をする場合は、遺言者は、公証人と証人の前で遺言の趣旨を通訳人の通訳により申し述べ又は自書して口述に代えます。
② 上記①の遺言者又は証人が耳が聞こえない者である場合は、公証人は、筆記した内容を通訳人の通訳により遺言者又は証人に伝えて、読み聞かせに代えることができます。
③ 公証人は、上記の①又は②に従って公正証書を作成した場合は、そ

の旨を公正証書に付記する必要があります。

3　公正証書による遺言書の作成の手順
⑴　公正証書による遺言書を公証人に作成してもらう場合は、遺言者は、次のものを準備する必要があります。遺言者は、公証人役場に出向く前に遺言書の作成に必要な書類や準備する現金その他について事前に公証人役場に電話をして確認をしておきます。公証人役場に出向く日時の打ち合わせもしておきます。本人にしか交付されない戸籍謄本や住民票写しは本人に依頼して交付を受けてもらいます。
　①　遺言者の戸籍謄本（戸籍の全部事項証明書）
　　　戸籍謄本は遺言者の本籍地（戸籍の所在地）の市町村役場で取り寄せます。本籍地が遠隔地にある場合は郵便で取り寄せることができますが、その手続は市町村によって異なりますから、その市町村役場の戸籍係に電話をして手数料額、送金方法、郵送料その他の手続を確認しておきます。
　②　遺言者の印鑑登録証明書
　　　印鑑登録をしていない場合は印鑑登録証明書の発行ができませんから、先ず住所地の市町村役場で印鑑登録をします。印鑑登録のできる印鑑のサイズは決まっていますから、市町村役場の印鑑登録係で確認をしておきます。印鑑登録の終了後は、直ちに印鑑登録証明書の交付を受けることができます。
　③　遺言者の印鑑登録をした印鑑（この印鑑を実印といいます）
　④　遺言者名義の各不動産（土地・建物）の登記簿謄本（全部事項証明書）
　　　最寄りの登記所（法務局、地方法務局、これらの支局・出張所）に交付申請書を提出して交付を受けます。交付手数料は1通につき600円です。
　⑤　遺言者名義の各不動産の固定資産評価証明書
　　　不動産の所在地の市町村役場の固定資産税担当課で交付を受けます。市町村役場が遠隔地にある場合は郵便によって交付を受けることもできますが、その手続は不動産所在地の市町村役場に確認します。この証明書は、公証人の手数料の計算に必要です。

⑥　遺言者の遺言内容を記載したメモ

　遺言者が遺言の趣旨を公証人に口述する必要がありますから、正確を期するために、できれば自筆証書遺言のような形式のメモにします。

⑦　相続させる相続人の戸籍謄本（戸籍の全部事項証明書）

⑧　相続人以外の者（受遺者）の住民票写し

⑨　遺言執行者を指定する場合は、その者の住民票写し

⑩　証人2人の各人の住民票写し、各人の認め印（スタンプ式の印鑑は不可）

⑪　公証人の手数料の現金

　手数料の金額は不動産の価額その他の遺産の価額によって異なりますから、正確な金額を計算するためには固定資産評価証明書や財産目録を事前に提示して計算してもらう必要があります。

　なお、以上の準備するものの中で次のものの準備は不要です。

　　ア　遺言書中に不動産の相続又は遺贈に関する記載が一切存在しない場合は、不動産に関する④の登記簿謄本、⑤の固定資産評価証明書

　　イ　遺言書中に相続人に関する記載のない場合は、⑦の戸籍謄本

　　ウ　遺言書中に相続人以外の者に関する記載のない場合は、⑧の住民票写し

　　エ　遺言書中に遺言執行者に関する記載のない場合は、⑨の住民票写し

　　オ　証人を公証人役場に依頼した場合は、⑩の証人の住民票写しや認め印

(2)　公証人に支払う手数料は、「公証人手数料令」で定められており遺言の目的の財産価額によって次の通り大きく異なります。

遺言の目的となる財産価額	手数料額
100万円まで	5,000円
200万円まで	7,000円
500万円まで	11,000円
1,000万円まで	17,000円

3,000万円まで	23,000円
5,000万円まで	29,000円
1億円まで	43,000円

　　　3億円まで5,000万円までごとに13,000円を加算
　　　10億円まで5,000万円までごとに11,000円を加算
　　　10億円を超える場合は5,000万円までごとに8,000円を加算
　その他については次の通りとされています。
　①　公正証書遺言書作成の場合、「遺言書加算」として財産価額が1億円以下の場合は11,000円が加算されます。
　②　病院や自宅に出張してもらう場合の(a)日当は20,000円（4時間以内の場合なら10,000円）、(b)交通費は実費を支払います。
　③　病床で遺言書を作成する場合の手数料は5割の金額が加算されます。

4　公正証書の遺言書の保管

(1)　公正証書の遺言書は、①その原本（作成されたもとの文書）は公証人役場において保管し、②その正本（原本と同じ効力を有する文書）と③謄本（原本の全部の写し）が遺言者に交付されます。遺言者に交付された遺言書の正本と謄本の保管方法は遺言者の自由です。遺言者が交付された正本や謄本を紛失してしまった場合は、公証人役場の公正証書遺言等検索システムで検索して原本の写しの交付を受けることができます。

(2)　公正証書による遺言書の利点は次の通りです。
　①　公正証書の遺言書の原本は、公証人役場で半永久的に保管されますから、遺言書の紛失や変造のおそれはありません。
　②　公正証書の遺言書は、自筆証書遺言や秘密証書遺言の場合と異なり、遺言者の死後の家庭裁判所による検認の手続が不要とされています。
　③　公正証書の遺言書が存在するか否かは、公証人役場の遺言検索システムによって存否を確認することができます。
　④　法律専門家が作成するので方式違反で無効となることがありません。
　⑤　文字の書けない者でも遺言をすることができます。

Q25
遺言書の保管方法は、どうするのですか

1 遺言書の保管方法の重要性

(1) 自筆証書遺言、公正証書遺言、秘密証書遺言のいずれの普通方式によって作成した遺言書であっても、誰にも発見されずに終わったのでは遺言書を作成した意味がありませんから、遺言書の保管方法は極めて重要なことです。

遺言書の保管方法は、一般的にいえば、遺言書の紛失、偽造、変造を防止し、かつ、遺言者の死後に容易に発見されるような安全確実な方法で保管する必要があります。

(2) 普通方式による遺言書のうち公正証書による遺言書は、その原本が公証人役場において保管されますから、遺言書の紛失、偽造、変造のおそれはありません。しかし、公証人から遺言者に交付された遺言書の正本や謄本を紛失して、遺言をしていた事実が誰にも知られなかった場合は、他の方式による場合と同様に危険がありますから、他の方式による遺言書の場合と同様に遺言者の死後に容易に発見されるような安全確実な方法で保管する必要があります。

2 遺言書の保管方法の実例

(1) 実際に行われている遺言書の保管方法には次例のような方法があります。
　① 遺言者が遺言書の中で指定した遺言執行者に保管してもらう。
　② 信頼できる友人や知人に保管してもらう。
　③ 主な遺産を相続させる相続人に保管させる。
　④ 受遺者（遺贈を受ける者）に保管してもらう。
　⑤ 遺言者の自宅の金庫内や机の引き出しに保管する。

⑥　金融機関の貸金庫に保管する。
　⑦　遺言信託をしている信託銀行に預ける。

(2)　もっとも利用される自筆証書の遺言書の保管に際しては、必ずしも封筒に入れる必要はありませんが、遺言内容の秘密の保持、偽造・変造の防止、保管の便宜から一般に封筒に入れる場合が多いのです。封筒に入れて封印をした遺言書は、家庭裁判所において相続人又はその代理人の立ち会いがなければ開封することができないとされています（民法1004条3項）。

　　普通方式の自筆証書遺言と秘密証書遺言の遺言書の保管者又は発見者は、家庭裁判所の検認の手続を受ける必要がありますが、公正証書の遺言書では検認の手続は不要です。

Q26
遺言執行者は、どんなことをするのですか

1 遺言執行者とは
(1) 遺言執行者とは、遺言者の死亡後に遺言書の内容を実現するために相続財産の管理その他の遺言の執行に必要な一切の行為をする権利義務を有する者をいいます（民法1012条1項）。遺言執行者には、民法の委任契約に関する次の規定が準用されます（民法1012条2項）。

① 民法644条（受任者は、委任の本旨に従い、善良な管理者の注意をもって、委任事務を処理する義務を負う。）

② 民法645条（受任者は、委任者の請求があるときは、いつでも委任事務の状況を報告し、委任が終了した後は、遅滞なくその経過及び結果を報告しなければならない。）

③ 民法646条（①受任者は、委任事務を処理するに当たって受け取った金銭その他の物を委任者に引き渡さなければならない。その収受した果実についても同様とする。②受任者は、委任者のために自己の名で取得した権利を委任者に移転しなければならない。）

④ 民法647条（受任者は、委任者に引き渡すべき金額又はその利益のために用いるべき金額を自己のために費消したときは、その費消した日以後の利息を支払わなければならない。この場合において、なお損害があるときは、その賠償の責任を負う。）

⑤ 民法650条（①受任者は、委任事務を処理するのに必要と認められる費用を支出したときは、委任者に対し、その費用及び支出の日以後におけるその利息の償還を請求することができる。②受任者は、委任事務を処理するのに必要と認められる債務を負担したときは、委任者に対し、自己に代わってその弁済をすることを請求することができる。この場合において、その債務が弁済期にないときは、委任者に対し、相当の担保を供させることができる。③受任者は、委任事務を処理するため自己に過失なく損害を受けたときは、

委任者に対し、その賠償を請求することができる。)

(2) 遺言執行者がいる場合には、相続人は、相続財産の処分その他遺言の執行を妨げる行為をすることはできません（民法1013条）。遺言執行者が管理処分権を有する相続財産について相続人が相続財産を処分した場合には、その処分は無効となります。しかし、遺言執行者の管理処分権が特定財産（例えば、A土地、B建物）に関する場合には、その財産についてのみ遺言執行者の管理処分権が及ぶとされています（民法1014条）。

　遺言執行者は、相続人の代理人とみなされます（民法1015条）。遺言執行者の任務は、本来、遺言者のためであるにもかかわらず遺言者は存在しないので、遺言執行の効果の帰属する相続人の代理人とみなすこととしたものです。

(3) 遺言執行者が就職（その職に就くこと）を承諾した場合には、直ちにその任務を行う必要があります（民法1007条）。遺言執行者は、先ず最初の任務として、就職後、遅滞なく、相続財産の目録を調製して相続人に交付する必要があります（民法1011条1項）。遺言執行者は、相続人の請求がある場合には、その立ち会いを得て財産目録を調製し又は公証人に調製させる必要があります（民法1011条2項）。

　遺言執行者の①相続財産の目録の調製義務（民法1011条）、②遺言執行者の管理処分権（民法1012条）、③相続人の管理処分権の喪失（民法1013条）の規定は、遺言書で指定された特定の財産に関する場合にのみ適用されます（民法1014条）。

(4) 遺言執行者には、未成年者（満20歳未満の者）と破産者（破産手続開始決定を受け者）はなることができません（民法1009条）。しかし、その他には資格制限はありませんから、遺言執行者には自然人（人間のこと）に限らず法人（例えば、信託会社）でもなることができます。相続人でも遺言執行者になることができます。

2　遺言執行者の指定、選任、解任、辞任

(1)　遺言者は、遺言書によって一人又は複数の遺言執行者を指定し、又はその指定を第三者に委託することができます（民法1006条1項）。遺言執行者の遺言者による指定又は指定の第三者への委託は、必ず遺言書によって行う必要があります。

　遺言執行者の指定の委託を受けた者は、遅滞なく、その指定をして、これを相続人に通知する必要があります（民法1006条2項）。遺言執行者の指定の委託を受けた者が、その委託を辞退しようとする場合は、遅滞なく、その旨を相続人に通知する必要があります（民法1006条3項）。

　遺言執行者に指定された者がこれを承諾するか否かは自由ですから、相続人その他の利害関係人は、遺言執行者に指定された者に対して、相当の期間を定めて、その期間内に就職を承諾するかどうかを返事すべき旨の催促をすることができます。この場合に遺言執行者に指定された者が、その期間内に相続人に対して返事をしない場合は、就職を承諾したものとみなされます（民法1008条）。

(2)　遺言の内容には、①遺産分割の禁止のような遺言執行行為の必要のないものもありますが、②認知の届出、相続人の廃除、廃除の取消のような遺言執行者がしなければならないものもあります。遺言執行者が必要であるにもかかわらず、遺言執行者がいない場合（例えば、遺言書に指定がされていない場合、指定を受けた者が承諾しない場合）又は遺言執行者がいなくなった場合（例えば、死亡した場合、辞任・解任のあった場合）には、家庭裁判所は、利害関係人（例えば、相続人）の請求によって遺言執行者を選任することができます（民法1010条）。家庭裁判所によって選任された遺言執行者でも、当然に任務を行う義務はなく就職の諾否の自由があります。

(3)　遺言執行者の解任と遺言執行者の辞任の許可については次の通りとされています。

　①　遺言執行者の解任については、遺言執行者がその任務を怠った場合その他正当な事由がある場合は、利害関係人（例えば、相続人）は、その解任を家庭裁判所に請求することができます（民法1019条1項）。遺

言執行者の解任審判申立は、利害関係人が相続開始地の家庭裁判所にします。認容の審判に対しては遺言執行者から、却下の審判に対しては利害関係人から不服申立ができます。
② 遺言執行者の辞任の許可については、遺言執行者は、正当な事由（例えば、海外勤務になった場合）がある場合は、家庭裁判所の許可を得て、その任務を辞任することができます（民法1019条2項）。遺言執行者の辞任許可審判申立は、遺言執行者が相続開始地の家庭裁判所にします。申立の却下の審判に対しては申立人の遺言執行者から不服申立ができます。

3　遺言執行者の任務

(1)　遺言執行者は、相続財産の管理その他の遺言の執行に必要な一切の行為をする権利と義務を有します。遺言執行者の相続財産の管理は、善良な管理者の注意（その人の職業や社会的地位から考えて普通に要求される程度の注意）をもって管理をする必要があります。

　　複数の遺言執行者がいる場合には、その任務の執行は、過半数による多数決で決定しますが、遺言者が遺言書で別段の意思表示をしていた場合は、その意思に従います。ただ、各遺言執行者は、保存行為（例えば、雨漏りの修理）をすることはできます（民法1017条）。

(2)　遺言執行者は、やむを得ない事由がなければ、第三者（遺言執行者が選任した復代理人）にその任務を行わせることはできませんが、遺言者が遺言書で反対の意思表示（第三者に行わせても良いという意思表示）をしていた場合は、その意思に従います（民法1016条1項）。遺言執行者が、遺言者の遺言書によって第三者にその任務を行わせる場合には、相続人に対して、民法105条に定める復代理人（代理人により選任された代理人）を選任した代理人の責任と同じ責任を負います（民法1016条2項）。つまり、遺言執行者のした第三者の選任及び監督に過失があった場合に、遺言執行者は責任を負うことになります。

(3)　遺言執行者の主な任務には、次のものがあります。

① 相続財産の目録の調製（民法1011条）
② 遺言による認知の届出（民法781条2項）
③ 遺言による推定相続人の廃除（民法893条）
④ 遺言による推定相続人の廃除の取消（民法894条2項）
⑤ 特定遺贈（特定の遺産の無償譲与）の不動産の所有権移転登記の共同申請
⑥ 包括遺贈（遺産の一定割合の無償譲与）の不動産の所有権移転登記の共同申請
⑦ 遺言による金銭その他の物の特定人への引渡
⑧ 預金の払い戻しと名義の書き換えその他の特定人への現金の引渡
⑨ 遺言の執行に関する訴訟の追行

(4) 遺言執行者の報酬については、家庭裁判所は、相続財産の状況その他の事情によって遺言執行者の報酬を定めることができるとされていますが、遺言者が遺言書で報酬を定めていた場合はそれに従います（民法1018条1項）。遺言執行者が報酬を受ける場合には民法648条2項・3項が準用されますから、①任務の委任事務を履行した後でなければ請求できないし、②遺言執行者の責任によらない事由により履行の中途で終了した場合は、既にした履行の割合に応じて報酬を請求することができます（民法1018条2項）。遺言執行者が報酬付与審判申立をする場合は申立書を相続開始地の家庭裁判所に提出します。

　遺言の執行に関する費用（例えば、相続財産目録の調製費用、相続財産の管理費用、遺言執行者への報酬）は、相続財産の負担とされていますが、遺言執行の費用によって遺留分（Q8参照）を減ずることはできないとされています（民法1021条）。

Q27 遺言書の検認と開封とは、どういうことですか

1 遺言書の検認と開封とは

(1) 遺言書の保管者は、相続の開始（遺言者の死亡）を知った後、遅滞なく、これを家庭裁判所に提出して、その検認（遺言書の存在と内容を確認する手続）を受ける必要があります。遺言書の保管者がいない場合に相続人が遺言書を発見した場合も同様に家庭裁判所に提出して検認を受ける必要があります。検認は、公正証書の遺言書には不要ですから、自筆証書と秘密証書についてのみ検認が必要とされます（民法1004条1項・2項）。

遺言書を発見した相続人が検認の手続をとらずに遺言書を隠匿したり破棄したりした場合は相続人の欠格事由に該当し相続権を失います（民法891条5号）。相続人以外の者が発見した場合には検認の義務はありませんが、その者が受遺者の場合は、相続人の欠格事由の規定が準用されますから、隠匿したり破棄した場合は受遺欠格者となります。

(2) 遺言書の検認とは、遺言の執行前に遺言書の客観的状態を確認しておく手続をいいますが、遺言書の内容の真否や有効性を確認するものではありません。検認を受けたからといって遺言の効力は確定しませんし、検認を受けない遺言書が無効となるわけではありません。検認を受けた遺言書の効力を訴訟で争うことも可能です。

封印のある遺言書（封筒に入れて封印をしている遺言書）は、家庭裁判所において相続人又はその代理人の立ち会いがなければ開封をすることはできません（民法1004条3項）。

家庭裁判所への遺言書の提出を怠り、検認を経ずに遺言を執行し又は家庭裁判所外で開封した者は、5万円以下の過料（刑罰でない制裁）に処することとしています（民法1005条）。遺言書の提出・検認・開封の各義務に違反しても、遺言書自体の効力には影響しません。

2　遺言書の検認の手続と検認の効果

(1) 家庭裁判所への遺言書の検認の申立は、家庭裁判所の家事手続案内係で無料で交付される「家事審判申立書」用紙に次の要領で記入して申立書受付に提出します。申立書の提出先は、相続開始地（遺言者の最後の住所地）の家庭裁判所となります。申立人は、遺言書の保管者又は遺言書を発見した相続人となります。申立手数料は、遺言書1通につき800円分の収入印紙が必要ですが、そのほか家庭裁判所の指定する郵便切手も提出する必要があります。

① 家事審判申立書用紙の事件名の欄に「遺言書の検認」と記入
② 申立人の本籍、住所、氏名、生年月日、職業、電話番号を記入
③ 遺言者の本籍、最後の住所、氏名、生年月日を記入
④ 各相続人の本籍、住所、氏名、生年月日を別紙に記入して添付
⑤ 「申立の趣旨」欄には、例えば、「遺言者の自筆証書による遺言書の検認を求める」と記入
⑥ 「申立の理由」欄には、例えば、次の記載例のように理由を箇条書きで記入
　ア　申立人は、遺言者から平成○年○月○日に遺言書を預かり、申立人の自宅の金庫に保管していた。
　イ　申立人は、遺言者が平成○年○月○日に死亡したので、遺言書（封印されている）の検認を求める。
　ウ　相続人は、別紙に記載した通りである。

申立書に添付する主な添付書類には次の書類がありますが、申立書作成時に家庭裁判所に確認をしておきます。

① 遺言者の出生から死亡までの戸籍の除籍謄本
② 相続人全員の戸籍謄本（戸籍の全部事項証明書）
③ 封印のある遺言書（検認当日に持参する場合も多いので裁判所で確認）
④ 申立人が相続人でない場合は免許証その他の身分証明書の写し

(2) 封印している遺言書の開封は、検認の手続の中で行われますから、検認の申立のほかに開封の申立をする必要はありません。封印している遺

言書の開封をするには、相続人又はその代理人の立ち会いを必要としますが、家庭裁判所から検認期日の通知を受けた相続人が出席しなくても検認手続は行われます。実際に立ち会わなくても立ち会いの機会を与えれば足りると解されているからです。

⑶　検認の目的は、相続人に対して遺言の存在と内容を知らせることと、遺言書の形状・加除訂正の状態・日付・遺言書の内容等を明確にして遺言書の偽造・変造を防ぐ一種の証拠保全手続であるといえます。従って、検認を受けたからといって遺言の効力は確定しませんし、検認を受けていない遺言書が無効となるわけではありません。しかし、相続による所有権移転登記の実務では、自筆証書の遺言書に基づいて相続登記を申請する場合には、家庭裁判所の検認を経ていない自筆証書の遺言書では申請が却下されます。

　家庭裁判所では遺言書の検認手続の結果を記載した検認調書を作成します。家庭裁判所では、検認期日に立ち会わなかった相続人、受遺者その他の利害関係人に対して検認済みの通知を行いますが、既に検認期日の通知をした者には検認済みの通知をしません。

　遺言の執行をするには、遺言書に「検認済証明書」が付されていることが必要ですから、申立人は、検認済証明書の申請をします。この場合には申立人の印鑑と遺言書1通につき150円分の収入印紙が必要になります。

Q28 遺言の撤回は、どのようにするのですか

1 遺言の撤回の自由
(1) 遺言をした者は、いつでも、何らの理由がなくても、遺言の全部又は一部を遺言の方式に従って自由に撤回することができます（民法1022条）。「撤回」とは、過去になされた行為の効力を将来に向かって消滅させることをいいます。遺言を撤回するためには、遺言の方式に従って撤回する必要がありますが、前の遺言と同じ方式に従う必要はありません。例えば、前の方式が公正証書による遺言書であっても、後の方式の自筆証書の遺言書によって前の遺言を撤回することができます。同様に前の自筆証書の遺言を後の公正証書の遺言書によって撤回することができます。

(2) 遺言者は、その遺言を撤回する権利を放棄することはできないとされています（民法1026条）。遺言撤回の自由を保障するための規定です。例えば、遺言者が受遺者（遺贈を受ける者）との間で遺言を撤回しないという契約を締結しても、その契約は無効となります。遺言書による遺言者の最終意思を尊重する趣旨から当然のことといえます。

2 法定撤回とは
　法定撤回とは、遺言者が遺言をした後に次の4つの法律に定める事実があった場合には、遺言者の真意を問わず、遺言の撤回があったものとみなすことをいいます。
(1) 前の遺言書の内容と後の遺言書の内容とが抵触する（矛盾する）場合は、その抵触する部分については、後の遺言書で前の遺言書の内容を撤回したものとみなされます（民法1023条1項）。この場合の抵触とは、前の遺言と後の遺言の各内容が両立できないことをいいます。例えば、前の遺言書で「A土地は長男に相続させる」としていたのに、後の遺言書

で「A土地は三男に相続させる」としているような場合です。

(2) 遺言者が遺言をした後、その遺言の内容と抵触する生前処分その他の法律行為（例えば、売却、贈与、取り壊し）をした場合も、遺言の内容と抵触する部分については遺言を撤回したものとみなされます（民法1023条2項）。例えば、遺言書で「A土地を二男に相続させる」としていたのに、遺言者が生前にA土地を他人に売り渡してしまったような場合です。

(3) 遺言者が故意に遺言書を破棄した場合は、その破棄した部分については遺言を撤回したものとみなされます（民法1024条1項）。この場合の破棄とは、遺言書を故意に破り捨てるとか燃やしてしまうといった行為をいいます。遺言者が故意に遺言書を破棄する行為は、遺言の撤回の意思を有すると見られるからです。

(4) 遺言者が故意に遺贈（遺言による遺産の無償譲与）の目的物を破棄した場合も、その破棄した部分については、遺言を撤回したものとみなされます（民法1024条2項）。例えば、遺言書で「A家屋をBに遺贈する」としていたのに、遺言者が生前にA家屋を取り壊してしまったような場合です。このような場合は遺贈するという遺言を撤回したものと見られるからです。

3　遺言の撤回の撤回と撤回の取消

(1) 撤回された遺言は、その撤回の行為が、撤回され、取り消され、又は効力を生じなくなるに至った場合であっても、その効力は回復しません（民法1025条本文）。例えば、第一の遺言書の内容を第二の遺言書で撤回した場合は、第二の遺言書を撤回しても第一の遺言書が復活することはありません。改めて遺言書を作成させることが、遺言者の真意を明確にすることになるからです。上記の「効力を生じなくなるに至った場合」とは、例えば、第一の遺言で「A土地をBに遺贈する」とし、第二の遺言で「A土地はCに遺贈する」としていたのに、Cが遺言者より前に死亡して効力を生じなくなった場合（民法994条1項）をいいますが、この

場合でも第一の遺言は復活しません。

　しかし、撤回の行為が詐欺又は強迫による場合には、非復活主義の例外として、第二の遺言によって第一の遺言を撤回する意思があったとはいえないので第一の遺言が復活します（民法1025条但書）。

(2)　撤回行為の取消には、①重度の認知症のような判断能力のないこと（行為無能力）を理由とする取消と、②詐欺又は強迫による取消とがありますが、①の場合では前の遺言は復活しないとし、②の場合では前の遺言の効力が復活するとしています。①の場合では、前の遺言を復活させようとした意思があったのかどうかが不明なので復活しないとしたのです。②の場合では、前の遺言を復活させる意思が明白ですから、前の遺言を復活させることとしたのです。

第 4 章●
相続税、贈与税、相続に関する登記の手続

Q29 相続税の制度は、どのようになっていますか

1 相続税の課税対象

(1) 相続税とは、①相続、②遺贈（遺言による遺産の無償譲与）、③死因贈与（贈与者の死亡により贈与の効力が生ずる契約）のような被相続人の死亡を原因として遺産を取得した者に課税される税金をいいます。被相続人の生前にその財産の贈与を受けた者には贈与税が課税されますが、生前贈与は遺産の前渡しの性質もありますから、相続税も贈与税も「相続税法」に規定しています。この相続税法の改正によって、平成27年1月1日以降に相続、遺贈、死因贈与によって取得した財産に関する相続税が大幅に増税されたほか、生前贈与に関する贈与税が変更されました。相続税のかからない遺産額（基礎控除額）が平成27年1月から以前の6割程度に縮小されましたから、相続税が課税される場合が大幅に増えることになりました。

(2) 相続税は、次の計算式によって計算した「正味の遺産額」が「基礎控除額」を超えた場合に、その超えた額（課税遺産総額）に対して課税されます。「正味の遺産額」が「基礎控除額」を超えない場合には相続税はかかりません。

> 正味の遺産額＝（遺産総額＋相続時精算課税の適用を受ける財産）－（非課税財産＋葬式費用＋債務）＋相続開始前3年以内の贈与財産

① 基礎控除額＝3,000万円＋（600万円×法定相続人の数）と改正されました。平成26年12月までの改正前の基礎控除額は5,000万円＋（1,000万円×法定相続人の数）となっていました。「法定相続人の数」は、相続の放棄をした者があってもその者も法定相続人の数に含めま

167

す。被相続人に養子がいる場合、法定相続人の数に含まれる養子の数は、①実子がいる場合は1人まで、②実子がいない場合は2人までと制限されています。制限をしないと養子の数を増やして相続税を減らすことができるからです。

② 上記の「遺産総額」には、土地、建物、現金、預金、宝石、名画、骨董品、自動車、貸金債権その他の債権、株式、国債、社債、著作権、特許権、実用新案権、意匠権、商標権その他の経済的価値のあるすべてのものが含まれます。

③ 上記の「相続時精算課税の適用を受ける贈与財産」とは、被相続人から生前に贈与を受けた際に一定税率の贈与税を納付し贈与者の死亡時に相続税で精算する制度の適用を受ける財産をいいます（Q30の3参照）。

④ 上記の「非課税財産」には、次例のような財産があります。
　ア　仏壇、位牌、墳墓のような祭祀用の財産
　イ　生命保険金のうち「500万円×法定相続人の数」までの金額
　ウ　死亡退職金のうち「500万円×法定相続人の数」までの金額
　エ　国や自治体等に寄付した財産

⑤ 上記の「債務」とは、被相続人の借金その他の債務をいいます。

⑥ 上記の「相続開始前3年以内の贈与財産」とは、被相続人から相続開始前3年以内に贈与を受けた暦年課税の適用される財産の価額をいいます。この場合の贈与された財産を相続財産と「みなす」こととしているのです。贈与税の課税方法には、(a)暦年課税（前年の贈与に対する課税。詳細はQ30の2参照）と、上記の(b)相続時精算課税（詳細はQ30の3参照）とがあります。

2　相続税の計算方法

(1)　相続税の計算方法は、「正味の遺産額－基礎控除額」で計算した課税遺産総額を法定相続分の通りに分けたものとして、それに税率をかけて各法定相続人別に税額を計算します。「正味の遺産額－基礎控除額」で計算した額がマイナス又はゼロの場合には相続税がかかりません。各法定相続人別に計算した税額の合計が相続税の総額となり、その総額を各

相続人、受遺者（Q17参照）、相続時精算課税を適用した者が実際に取得した正味の遺産額の割合に応じて按分します。最後に配偶者の税額控除その他の税額控除を差し引いて実際に納付する税額を計算します。

(2) 相続税の計算方法の順序は次の通りとなります。実例は次の(3)参照。
① 「正味の遺産額－基礎控除額」＝課税遺産総額を計算
② 課税遺産総額×法定相続分（Q5の3参照）＝各法定相続分に応ずる遺産額を計算
③ 各法定相続分に応ずる遺産額×次の税率－控除額＝各法定相続人ごとの税額

法定相続分に応ずる取得金額	税率	控除額
1,000万円以下	10%	－
3,000万円以下	15%	50万円
5,000万円以下	20%	200万円
1億円以下	30%	700万円
2億円以下	40%	1,700万円
3億円以下	45%	2,700万円
6億円以下	50%	4,200万円
6億円超	55%	7,200万円

④ 各法定相続人ごとの税額の合計×各人の取得額の割合＝各人の税額
⑤ 各人の税額－配偶者控除その他の税額控除＝実際の各人の納付額

(3) 実際の計算例を「正味の遺産額が2億円で、法定相続人の妻と子A、Bの2人の合計3人の相続人が相続した場合」は次の通りとなります。
① 正味の遺産額2億円－〔基礎控除額3,000万円＋（600万円×3人）〕＝課税遺産総額1億5,200万円
② 課税遺産相続1億5,200万円×法定相続分＝各法定相続分に応ずる遺産

　　　妻　　法定相続分2分の1　　7,600万円
　　　子A　法定相続分4分の1　　3,800万円
　　　子B　法定相続分4分の1　　3,800万円

③ 各法定相続分に応ずる遺産額×相続税の税率－控除額=各法定相続人ごとの税額
　　　　妻　　　7,600万円×0.3－700万円=1,580万円
　　　　子A　　3,800万円×0.2－200万円=560万円
　　　　子B　　3,800万円×0.2－200万円=560万円
　　　　　　　　　　　　　　　　　　　　　合計2,700万円
④ 各法定相続人ごとの税額の合計×各人の取得額の割合=各人の税額
　　　　妻　　　2,700万円×法定相続分2分の1=1,350万円
　　　　子A　　2,700万円×法定相続分4分の1=675万円
　　　　子B　　2,700万円×法定相続分4分の1=675万円
⑤ 各人の税額－配偶者控除その他の税額控除=実際の各人の納付額
　　　　妻　　　1,350万円－配偶者控除（次の(4)の①参照）=0
　　　　子A　　675万円－控除0=675万円
　　　　子B　　675万円－控除0=675万円

(4) 相続税の計算に際して次の税額控除（税額軽減措置）がなされます。
　① 配偶者控除として、配偶者が遺産分割や遺贈により実際に取得した正味の遺産額が1億6,000万円までか、配偶者の法定相続分相当額までであれば、配偶者に相続税はかかりません。
　② 未成年者控除として、相続人が未成年者（満20歳未満の者）の場合は、20歳に達するまでの年数1年につき10万円が控除されます。例えば、相続人が15歳の場合は、20歳－15歳=5年だから10万円×5年=50万円が控除されます。年数に1年未満の端数がある場合は1年とします。
　③ 障害者控除として、相続人が障害者の場合は、満85歳に達するまでの年数1年につき10万円（特別障害者は20万円）が控除されます。障害の程度は政令で定められます。年数に1年未満の端数がある場合は1年とします。
　④ 贈与税の暦年課税（前年の贈与に対する課税）に係る贈与税額控除として、正味の遺産額に加算された「相続開始前3年以内の贈与財産」の価額に対する贈与税額が控除されます。

⑤ 相続時精算課税（贈与時に一定税率で贈与税を納付し贈与者の死亡時に相続税で精算する制度）に係る贈与税額控除として、遺産総額に加算された「相続時精算課税の適用を受ける贈与財産」の価額に対する贈与税額が控除されます。控除しきれない金額がある場合は、申告により還付を受けることができます。

3　相続税の計算に必要な宅地や建物の評価方法

(1)　相続税を計算する場合の宅地の評価方法は、次の①路線価方式又は②倍率方式によって評価します。

① 　路線価方式とは、路線（道路）に面する標準的な宅地1平米当たりの価額（路線価）を基に計算した金額で評価する方法をいいます。この路線価は最寄りの税務署の相談係で閲覧することができます。

② 　倍率方式とは、路線価の定められていない地域についての評価方法で、固定資産税評価額に一定の倍率を掛けて計算した金額で評価する方法をいいます。この地域や倍率は最寄りの税務署の相談係で閲覧することができます。

なお、建物は、建物の固定資産税評価額によって評価します。

(2)　小規模宅地の特例として、被相続人が事業や住居などに使用していた土地のうち①被相続人等の居住の用に供されていた宅地等（特定居住用宅地等）は330平米まで、②被相続人等の事業の用に供されていた宅地等（特定事業用等宅地等）は400平米までの部分については、次の割合が減額されます。

① 　特定居住用宅地等の減額割合　　　　80％
② 　特定事業用等宅地等の減額割合　　　80％

なお、上記のほかにも多数の特例があり、相続税の計算方法は複雑で税法はよく変更されますから、最寄りの税務署の相談係でよく確認しておく必要があります。

4　相続税の申告と納税

(1)　相続税の申告と納税は、相続人が相続の開始（被相続人の死亡）を知っ

た日の翌日から10カ月以内に、被相続人の最後の住所地を管轄する税務署に申告をして納税をする必要があります。相続税の納税については、本来の納税義務者が延納の許可を受けた場合等を除いて、各相続人等が相続又は遺贈により受けた利益の価額を限度として、相互に連帯して納付しなければならない義務が課せられています。相続税の申告書類は複数の相続人がいる場合でも共同して1通の申告書を提出しますが、共同して作成することができない場合には各相続人が作成することもできます。

　遺産分割協議の期限は決められていませんから、10カ月以内に遺産分割協議が成立しない場合もありますが、その場合には、一旦、法定相続分により相続したものとして相続税を支払い、分割協議が成立した後に修正申告をします。10カ月以内に申告をしない場合には延滞税その他の加算税が課されるほか、各種の税額控除が受けられなくなります。

⑵　相続税の延納の制度として、相続税額が10万円を超え、かつ、納付の期限までに金銭で納付することを困難とする事由がある場合は、相続税の申告期限内に延納申請により許可を受けた場合には年賦払いによる方法（原則5年で最長20年）で納付することができます。ただし、利子税がかかるほか、担保（不動産その他）の提供が必要となります。

　物納の制度として、延納によっても金銭で納付することを困難とする事由がある場合は、物納申請により許可を受けた場合には相続をした財産で納付することもできます。しかし、その財産は、物納に適する財産であることや一定の要件を満たした財産に限られます。

　なお、相続税とは別に**被相続人の所得税や消費税の申告**については、被相続人が年の途中で死亡した場合は、相続人は、その全員の連名で被相続人の死亡を知った日の翌日から4カ月以内に被相続人の最後の住所地の税務署に確定申告をすることとされています。

　また、**被相続人の住民税**（都道府県民税と市町村民税）は、前年の所得に対して課税されますが、個人の住民税の賦課期日は当該年度の初日の属する年の1月1日とされていますから、死亡した年の所得に対する住民税は、翌年に納税義務が生じることはありません。

Q30 贈与税の制度は、どのようになっていますか

1 贈与税とは

(1) 贈与税とは、個人（自然人）から財産の贈与を受けた場合に課税される国税をいいます。会社のような法人（自然人以外で権利義務の主体となれるもの）から財産の贈与を受けた場合は、贈与税は課税されませんが、一時所得として所得税が課税されます。

財産の贈与が生前に行われると、相続財産は減少しますから、相続財産の前渡しの性質も有することとなるので、贈与税を課すことによって相続税を補完しているのです。贈与税についても相続税法に規定されていますが、相続税法の相続税の改正とともに平成27年1月以降に受けた贈与についての贈与税の税率その他の変更がなされました。

(2) 贈与とは、契約の一種で契約当事者の一方が自分の財産を無償で相手方に与える意思表示をし、相手方がこれを受諾することによって成立する契約をいいます。財産を与える者を贈与者といい、財産の贈与を受ける者を受贈者といいます。この場合の贈与する財産は、現金や預金が多いものの、土地、建物、宝石、名画、特許権その他の財産的価値を有するすべてのものが含まれます。贈与税の対象となる財産の範囲は、相続税の対象となる財産の範囲と基本的に同じですが、次例のような財産には贈与税は課税されません。

① 法人から贈与を受けた財産
② 扶養義務者（例えば、父母）から受けた生活費や教育費の贈与
③ 冠婚葬祭やお中元・お歳暮のような社会通念上相当な贈与

(3) 贈与税の課税方法には、①前年1年間に贈与を受けた金額をもとに贈与税額を計算する「暦年課税」制度と、②特定の対象者が利用できる

「相続時精算課税」制度とがあります。

2 贈与税の暦年課税

(1) 暦年課税とは、前年1年間（1月1日〜12月31日）に贈与を受けた財産の合計額をもとに贈与税額を計算する制度をいいます。暦年課税の計算方法は、前年1年間に贈与を受けた財産の価額の合計額（課税価格）から**基礎控除額110万円**を控除した残額（基礎控除後の課税価格）について次の一般贈与財産の税率表に従って贈与税額を計算します。一人年間110万円の基礎控除額以内の贈与なら贈与税は課税されません。直系尊属（父母や祖父母）からの贈与により財産を取得した受贈者（20歳以上の者に限る）については、次の(2)の特例贈与財産の税率表により計算します。

基礎控除後の課税価格	一般税率	控除額
200万円以下	10%	―
300万円以下	15%	10万円
400万円以下	20%	25万円
600万円以下	30%	65万円
1,000万円以下	40%	125万円
1,500万円以下	45%	175万円
3,000万円以下	50%	250万円
3,000万円超	55%	400万円

贈与税額＝（課税価格－基礎控除額110万円）×上記の一般税率－上記の控除額となりますから、例えば、一般贈与財産のみ500万円の贈与を受けた場合は次の通りとなります。

（贈与財産価額500万円－基礎控除額110万円）×20％－25万円＝53万円

なお、配偶者からの贈与の特例として、婚姻期間が20年以上の夫婦の間で居住用不動産等の贈与があった場合は、一定要件を満たせば、贈与税の申告により基礎控除額110万円のほかに最高2,000万円までの配偶者控除が受けられます。

(2) 暦年課税の場合において、直系尊属（例えば、父母、祖父母、曾祖父母）

から贈与により財産を取得した受贈者（贈与を受けた年の1月1日に20歳以上の者に限ります）については、次表の特例贈与財産の税率表を適用して税額を計算します。特例税率を適用する財産を特例贈与財産といい、特例税率の適用のない財産を一般贈与財産といいます。

基礎控除後の課税価格	特例税率	控除額
200万円以下	10%	—
400万円以下	15%	10万円
600万円以下	20%	30万円
1,000万円以下	30%	90万円
1,500万円以下	40%	190万円
3,000万円以下	45%	265万円
4,500万円以下	50%	415万円
4,500万円超	55%	640万円

例えば、①一般贈与財産100万円と②特例贈与財産400万円の合計500万円の贈与を受けた場合は次の通りとなります。
（500万円－基礎控除額110万円）＝390万円（基礎控除後の課税価格）
①は、（390万円×20％－25万円）×100万円/500万円＝106,000円
②は、（390万円×15％－10万円）×400万円/500万円＝388,000円
①＋②＝494,000円が税額となります。

3　贈与税の相続時精算課税

(1)　相続時精算課税とは、贈与を受けた時にこの制度に特別の控除額2,500万円を超えた額に一律20％の税率で贈与税を納付し贈与者の死亡時に相続税で精算する制度をいいます。この制度の適用が受けられる者は、①贈与者については、贈与をした年の1月1日に60歳以上の者、②受贈者については、贈与を受けた年の1月1日に20歳以上の者又は贈与を受けた時に贈与者の推定相続人と孫とされています。

(2)　相続時精算課税の贈与税額の計算方法は、次の通りです。
　　贈与税額＝（贈与財産の価額－特別控除額2,500万円）×税率20％（一律）

Q30 ●贈与税の制度は、どのようになっていますか　175

例えば、贈与財産の価額が3,000万円の場合は、次の通りとなります。
(3,000万円－特別控除額2,500万円)×20%=100万円
　この特別控除額2,500万円については、前年までに特別控除額を使用した場合には、2,500万円から既に使用した額を控除した残額が特別控除額となります。

(3)　相続税との関係については、贈与者の死亡時の相続税の計算上、相続財産価額に相続時精算課税を適用した贈与財産価額(贈与時の時価)を加算して相続税額を計算します。その際に既に支払った贈与税相当額を相続税額から控除します。控除しきれない金額は申告により還付されます。
　相続時精算課税制度による場合は、例えば、2,000万円の贈与を受けた場合には、次の通りとなります。
① 贈与時には贈与税は課税されない(2,500万円を超えた部分に20%の贈与税が課税される)。
② 相続時に「相続財産＋贈与財産2,000万円」の合計額で相続税額を計算する。

(4)　相続時精算課税の対象となる受贈者は、贈与者ごとに相続時精算課税制度の適用を受けるか否かを選択することができます。相続時精算課税を選択するためには、贈与税の申告書の提出期限までに贈与税の申告書と相続時精算課税選択届出書を管轄の税務署に提出する必要があります。この場合の届出書には、受贈者の戸籍謄本、贈与者の住民票写しその他の税務署の指定する書類を添付する必要があります。

4　贈与税の申告と納税

(1)　贈与税の申告と納税は、贈与を受けた年の翌年の2月1日から3月15日までにする必要があります。納税については、贈与税額が10万円を超え、かつ、納付期限までに金銭で納付することを困難とする事由がある場合には、申請により5年以内の年賦で納める延納の制度があります。しかし、延納の場合には利子税がかかるほか、原則として担保の提供が必要となります。

贈与財産の評価額が110万円以下の場合は、贈与税の申告をする必要はありません。ただし、計算上、贈与税額が0円になったとしても、贈与税の配偶者控除、住宅取得等資金の非課税制度その他の税額控除制度の適用を受ける場合は、贈与税の申告をする必要があります。「相続時精算課税制度」の適用を選択した場合も、贈与税の申告をする必要があります。

　　贈与税の計算方法は複雑で税法はよく変更されますから、申告に際しては最寄りの税務署の相談係で確認をしておく必要があります。

(2)　贈与税の納付については、贈与者（財産の贈与をした者）と受贈者（財産の贈与を受けた者）との間で連帯納付の義務があります。

　　なお、贈与によって土地や建物を取得した場合には、別途、不動産取得税が課税されます。

Q31
相続した土地や建物の登記は、どうするのですか

1　土地や建物（不動産）の登記とは
(1)　被相続人が所有していたＹ不動産（土地や建物）の所有権が相続によって相続人Ａに移転した場合に、Ａは、所有権移転の登記をしなくてもＹ不動産はＡの所有となります。不動産の登記とは、登記所（法務局の機関）に備え付けている不動産登記簿に記載することをいいますが、登記の目的は、第三者に対して登記をした事項（例えば、所有権移転）を主張することができる要件（対抗要件といいます）としての効力を有するに過ぎないのです。

例えば、Ｙ土地の所有者ＡがＹ土地をＢに売った後、同じＹ土地をＣに対して二重に売った場合は、次の通りとなります。
①　ＢとＣは、先にＹ土地の所有権移転登記をした者が所有権を取得することになります。
②　Ｂより後で買ったＣが先に所有権移転登記をした場合は、Ｂは登記がないので所有権の取得を主張することができません。
③　先にＢが所有権移転登記をした場合は、Ｃは登記がないので所有権の取得を主張することができません。

この場合の登記を「第三者に対する対抗要件」といいます。この場合の登記について民法177条は、「不動産に関する物権の得喪及び変更は、不動産登記法その他の登記に関する法律の定めるところに従いその登記をしなければ、第三者に対抗することができない」と規定しています。

(2)　相続によって不動産の所有権を取得した者は、その不動産を第三者に譲渡（例えば、売却）する場合には、所有権取得の登記をしておく必要があります。例えば、相続によりＹ土地を取得した相続人Ａが第三者ＢにＹ土地を売却する場合は、Ｂには、対抗要件としての登記が必要です

から、Aは自分の所有権取得の登記が必要なのです。他人に不動産を譲渡しない場合は、相続により取得した不動産の所有権移転登記をする必要はありません。相続人が所有権取得の登記をしない主な理由としては、登記申請には「登録免許税」という費用がかかることから、登記をしないままにしておくことも多いのです。

　相続による所有権移転登記をしていなくても、不動産の固定資産税は課税されますが、不動産登記簿の所有者の名義が被相続人のままになっている場合は、法定相続人の全員が連帯して固定資産税の納付義務を負うこととされています。遺産分割協議をして特定の相続人が取得することとした場合でも、その相続人の名義の登記がなされるまでは、不動産所在地の市町村には分かりませんから、法定相続人の全員が連帯して納付義務を負うことになります。ただ、実務上は、法定相続人の中から代表者を選ぶように市町村役場から依頼されます。法定相続人の中の誰も納付義務を履行しない場合は、最終的には法定相続分に応じて強制執行をすることになります。

2　不動産登記の申請の実務

(1)　不動産の登記の申請をする場合は、不動産所在地を管轄する登記所（法務局の機関）に「登記申請書」を提出する必要があります。登記申請書の用紙は、最寄りの登記所の登記相談係で無料で交付を受けられますから、その用紙の書き方を登記相談係に聞いて鉛筆で書き込んだ登記申請書を確認してもらった後にコピー機でコピーをして登記所に提出します。鉛筆で記入したものをそのまま提出することはできません。登記申請書の作成を業とする司法書士がいますが、作成の報酬が必要になりますから、登記所の登記相談係を利用するのが賢明です。

　登記所で登記申請書の用紙の交付を受ける際には、登記申請書に添付する必要のある書類の説明も受けます。数字の書き方の説明も受けます。

(2)　登記申請書の書式は、各登記所の登記相談係で無料で交付される書式を使用するのが便利ですが、書式は法律では決まっていませんから、登記所で交付を受けた書式を参考にして自分でパソコンを使用して作成し

ても手書きで作成してもかまいません。登記申請書の書式はＡ４サイズの用紙を使用して「縦置き、横書き、片面印刷」で作成します。

　相続による所有権移転登記には、各不動産の固定資産課税評価額の1,000分の4（0.4%）の「登録免許税」が必要となりますから、不動産所在地の市町村役場で固定資産課税評価証明書（固定資産税台帳の価格の証明書）の交付を受けます。郵送によっても交付の申請ができますから、その手続は不動産所在地の市町村役場で確認します。各不動産の固定資産評価証明書は、登録免許税の計算に必要ですから、登記申請書に添付して登記所に提出します。

(3)　相続人が一人の場合の相続による所有権移転の登記申請書の記載例は次の通りです。記載例の固有名詞は架空のものです。

（記載例）

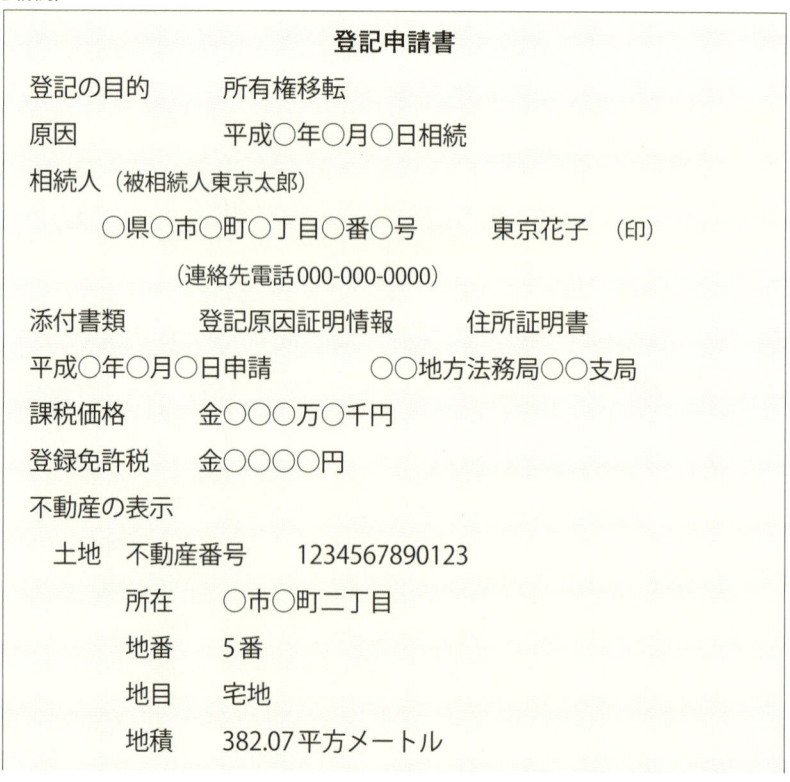

```
                    登記申請書
登記の目的      所有権移転
原因            平成○年○月○日相続
相続人（被相続人東京太郎）
        ○県○市○町○丁目○番○号    東京花子   （印）
        （連絡先電話000-000-0000）
添付書類        登記原因証明情報    住所証明書
平成○年○月○日申請         ○○地方法務局○○支局
課税価格        金○○○万○千円
登録免許税      金○○○○円
不動産の表示
    土地  不動産番号    1234567890123
          所在          ○市○町二丁目
          地番          5番
          地目          宅地
          地積          382.07平方メートル
```

```
            価格      ○○○万円
   建物　 不動産番号   0123456789321
         所在     ○市○町二丁目5番地
         家屋番号    5番
         種類     居宅
         構造     木造瓦葺2階建
         床面積    1階    182.30平方メートル
                 2階     68.06平方メートル
         価格     ○○○万円
```

(説明)

① 書面の表題は、登記内容にかかわらず「登記申請書」とします。
② 登記の目的は、単に「所有権移転」とします。
③ 原因の日付は、被相続人の死亡年月日とします。
④ 相続人の欄には、被相続人の氏名と相続人の住所・氏名を記載し押印（認め印）します。
⑤ 添付書類の「登記原因証明情報」は、被相続人の出生から死亡までの戸籍謄本・除籍謄本と相続人の戸籍謄本を添付します。「住所証明書」は相続人の住民票写しを添付します。添付書類の種類は、登記所の登記相談係で聞いておきます。
⑥ 申請書を提出した年月日と提出先の不動産所在地の登記所名を記載します。
⑦ 課税価格は、不動産所在地の市町村役場で交付を受けた「固定資産課税評価証明書」の金額となりますが、千円未満の端数は切り捨てます。
⑧ 登録免許税は、相続による所有権移転登記では、課税価格の1,000分の4となりますが、100円未満の端数は切り捨てます。
⑨ 不動産の表示は、土地や建物の登記簿謄本の通りに記載します。価格は、各不動産の「固定資産課税評価証明書」の金額を記載します。
⑩ 添付書類には記載しませんが、登録免許税の計算に必要ですから「固定資産課税評価証明書」を添付します。

(4) 相続人が妻Ａと子Ｂの二人が法定相続分によって相続した場合の相続による所有権移転の登記申請書の記載例は次の通りです。記載例の固有名詞は架空のものです。

(記載例)

登記申請書

登記の目的　　　所有権移転
原因　　　　　　平成○年○月○日相続
相続人（被相続人東京太郎）
　　○県○市○町○丁目○番○号　　持分2分の1　東京花子　（印）
　　　（連絡先電話000-000-0000）
　　○県○市○町○丁目○番○号　　持分2分の1　東京二郎　（印）
　　　（連絡先電話000-000-0000）
　　（添付書類以下は、上記の（3）と同じ）

Q32 生前の贈与、死因贈与、遺贈で取得した土地や建物の登記は、どうするのですか

1 贈与とは

(1) 贈与とは、贈与者（贈与をする者）が自分の財産を無償で相手方（受贈者）に与える意思表示をし、相手方が承諾することによって成立する契約をいいます（民法549条）。例えば、被相続人となる者が生前に特定の推定相続人その他の者に財産を与えておきたい場合は、贈与契約によって相続開始前に財産を譲与することができます。贈与契約は、必ずしも書面によってする必要はありませんが、書面によらない贈与契約は、履行の終わっていない部分については、各契約当事者は契約を撤回することができますから、推定相続人等への贈与については贈与契約書の作成は必須のことといえます（民法550条）。

(2) 贈与者の死亡によって効力が生ずる贈与契約を「死因贈与契約」といいますが、死因贈与契約は、遺言者の死亡によって遺言による遺産の無償譲与である「遺贈」と同様の目的を達することができますから、民法は遺贈に関する規定を準用することとしています（民法554条）。しかし、死因贈与と遺贈は次の点で異なります。
① 死因贈与契約は贈与者と受贈者との間の合意により成立する契約ですが、遺贈は契約ではなく遺言者の単独の意思表示により成立する単独行為とされています。
② 死因贈与契約は贈与者と受贈者との間の合意の成立した時点で契約の効力が生じますが、遺贈は遺言者の死亡の時点で効力を生じます。
③ 死因贈与契約は契約自由の原則により特定の方式を必要としませんが、遺贈は遺言の方式に従う必要があります。

2 不動産の贈与と遺贈による登記申請

(1) 通常の「贈与」の契約として、被相続人となる者（贈与者）から推定相続人（受贈者）が生前に不動産の贈与を受けて所有権移転の登記をする場合は、贈与者（登記義務者）と受贈者（登記権利者）とが共同して登記申請をする必要があります。登記申請書の用紙は最寄りの登記所の登記相談係で無料で交付を受けられます。交付を受ける際には、記入の仕方と添付書類の種類について確認をしておきます。記入後にも提出前に登記相談係で確認をしてもらいます。記入例は次の通りです。

（記入例）

```
                    登記申請書
登記の目的     所有権移転
原因          平成○年○月○日贈与
権利者         ○県○市○町○丁目○番○号
                       東京花子　（印）
義務者         ○県○市○町○丁目○番○号
                       東京太郎　（印）
添付書類      登記識別情報　　登記原因証明情報　　印鑑証明書
              住所証明書
平成○年○月○日申請　　　　○○法務局○○支局
課税価格      金○○○万円
登録免許税    金○○○○円
不動産の表示
  土地　不動産番号　　1234567890123
        所在　　○市○町二丁目
        地番　　5番
        地目　　宅地
        地積　　382.07平方メートル
        価格　　○○○万円
  建物　不動産番号　　0123456789321
        所在　　○市○町二丁目5番地
        家屋番号　　5番
```

種類	居宅		
構造	木造瓦葺2階建		
床面積	1階	182.30平方メートル	
	2階	68.06平方メートル	
価格	○○○万円		

(説明)

① 書面の表題は、登記内容にかかわらず「登記申請書」とします。

② 登記の目的は、単に「所有権移転」とします。

③ 原因の日付は、贈与契約を締結した年月日とします。

④ 権利者の欄には、受贈者の住所・氏名を記載し押印（認め印です）します。義務者の欄には贈与者の住所・氏名を記載し実印で押印をします。

⑤ 添付書類の「登記識別情報」は、登記済証を添付します。「登記原因証明情報」は、贈与契約書を添付します。「印鑑証明書」は贈与者（義務者）の印鑑登録証明書を添付します。「住所証明書」は受贈者（権利者）の住民票写しを添付します。添付書類の種類は、登記所の登記相談係で聞いておきます。

⑥ 申請書を提出した年月日と提出先の不動産所在地の登記所名を記載します。

⑦ 課税価格は、不動産所在地の市町村役場で交付を受けた「固定資産課税評価証明書」の金額となりますが、1,000円未満の端数は切り捨てます。

⑧ 登録免許税は、贈与による所有権移転登記では、課税価格の1,000分の20となりますが、100円未満の端数は切り捨てます。

⑨ 不動産の表示は、土地や建物の登記簿謄本の通りに記載します。価格は、各不動産の「固定資産課税評価証明書」の金額を記載します。

⑩ 添付書類には記載しませんが、登録免許税の計算に必要ですから「固定資産課税評価証明書」を添付します。

(2) 「死因贈与」の契約として、被相続人となる者（贈与者）と受贈者との

間で生前に締結した不動産の死因贈与契約に基づく所有権移転登記の登記申請書の登記権利者は受贈者ですが、登記義務者は通常の贈与の場合と異なり贈与者の相続人となります。死因贈与による所有権移転の登記申請書の記載例は次の通りです。この場合の所有権移転の登記申請は、贈与者の相続人（登記義務者）と受贈者（登記権利者）とが共同して登記申請をする必要があります。登記申請書の用紙は最寄りの登記所の登記相談係で無料で交付を受けられます。交付を受ける際には、記入の仕方と添付書類の種類について確認をしておきます。記入後にも提出前に登記相談係で確認をしてもらいます。記入例は次の通りです。

（記入例）

```
                     登記申請書
登記の目的     所有権移転
原因           平成○年○月○日贈与
権利者         ○県○市○町○丁目○番○号
                          東京花子    （印）
義務者    亡東京太郎相続人
          ○県○市○町○丁目○番○号
                          東京二郎    （印）
          ○県○市○町○丁目○番○号
                          東京三郎    （印）
添付書類    登記識別情報    登記原因証明情報    印鑑証明書
            住所証明書      相続証明書


平成○年○月○日申請        ○○法務局○○支局
課税価格    金○○○万円
登録免許税  金○○○○円
不動産の表示
   土地  不動産番号   1234567890123
          所在    ○市○町二丁目
          地番    5番
```

```
            地目    宅地
            地積    382.07平方メートル
            価格    ○○○万円
    建物    不動産番号    0123456789321
            所在    ○市○町二丁目5番地
            家屋番号    5番
            種類    居宅
            構造    木造瓦葺2階建
            床面積    1階    182.30平方メートル
                      2階    68.06平方メートル
            価格    ○○○万円
```

（説明）

① 書面の表題は、登記内容にかかわらず「登記申請書」とします。

② 登記の目的は、単に「所有権移転」とします。

③ 原因の日付は、贈与者が死亡した年月日とします。

④ 権利者の欄には、受贈者の住所・氏名を記載し押印（認め印でもよい）します。義務者の欄には贈与者の相続人全員の住所・氏名を記載し実印で押印をします。

⑤ 添付書類の「登記識別情報」は、登記済証を添付します。「登記原因証明情報」は、贈与契約書を添付します。「印鑑証明書」は贈与者の相続人（義務者）全員の印鑑登録証明書を添付します。「住所証明書」は受贈者（権利者）の住民票写しを添付します。「相続証明書」は相続人が登記申請をする場合に添付しますが、贈与者の出生から死亡までの戸籍謄本・除籍謄本と相続人全員の戸籍謄本を添付します。添付書類の種類は、登記所の登記相談係で聞いておきます。

⑥ 申請書を提出した年月日と提出先の不動産所在地の登記所名を記載します。

⑦ 課税価格は、不動産所在地の市町村役場で交付を受けた「固定資産課税評価証明書」の金額となりますが、1,000円未満の端数は切り捨てます。

⑧ 登録免許税は、贈与による所有権移転登記では、課税価格の1,000分の20となりますが、100円未満の端数は切り捨てます。

⑨ 不動産の表示は、土地や建物の登記簿謄本の通りに記載します。価格は、各不動産の「固定資産課税評価証明書」の金額を記載します。

⑩ 添付書類には記載しませんが、登録免許税の計算に必要ですから「固定資産課税評価証明書」を添付します。

(3) 「遺贈」を原因として、不動産の所有権移転の登記申請をする場合は、①遺言執行者がいる場合には、遺言執行者と受遺者（遺贈を受ける者）とが共同申請をしますが、②遺言執行者がいない場合には、相続人全員と受遺者とが共同申請をします。登記申請書の用紙は最寄りの登記所の登記相談係で無料で交付を受けられます。交付を受ける際には、記入の仕方と添付書類の種類について確認をしておきます。記入後にも提出前に登記相談係で確認をしてもらいます。

例えば、被相続人Xが遺言書により受遺者Yに特定不動産を遺贈する遺言をしていた場合で相続人A、Bの二人がいる場合に、①遺言執行者Zのいる場合と、②遺言執行者のいない場合の各記入例は次の通りです。

（記入例・遺言執行者のいる場合）

```
                    登記申請書
登記の目的      所有権移転
原因            平成○年○月○日遺贈
権利者          ○県○市○町○丁目○番○号
                            Y      (印)
義務者          ○県○市○町○丁目○番○号
                亡X
                ○県○市○町○丁目○番○号
                    遺言執行者      Z    (印)
添付書類    登記識別情報    登記原因証明情報    印鑑証明書
            住所証明書      代理権限証書
                    （以下、上記(2)の死因贈与の場合と同じ）
```

第4章●相続税、贈与税、相続に関する登記の手続

（説明）
① 書面の表題は、登記内容にかかわらず「登記申請書」とします。
② 登記の目的は、単に「所有権移転」とします。
③ 原因の日付は、遺言の効力を生じた年月日（遺言者の死亡日）とします。
④ 権利者の欄には、受遺者（遺贈を受けた者）の住所・氏名を記載し押印（認め印でよい）します。義務者の欄には遺言執行者の住所・氏名を記載し実印で押印をします。
⑤ 添付書類の「登記識別情報」は、登記済証を添付します。「登記原因証明情報」は、遺言書、遺言者の戸籍謄本・除籍謄本を添付します。受遺者が相続人の場合はその者の戸籍謄本を添付します。「印鑑証明書」は義務者の印鑑登録証明書を添付します。「住所証明書」は受遺者（権利者）の住民票写しを添付します。「代理権限証書」は遺言執行者の資格を証する遺言書を添付しますが、家庭裁判所で遺言執行者の選任がなされた場合は家庭裁判所の審判書を添付します。添付書類の種類は、登記所の登記相談係で聞いておきます。
⑥ 登録免許税は、遺贈による所有権移転登記では、課税価格の1,000分の20（受遺者が相続人の場合は1,000分の4）となりますが、100円未満の端数は切り捨てます。

（記入例・遺言執行者のいない場合）

```
                    登記申請書
登記の目的      所有権移転
原因            平成〇年〇月〇日遺贈
権利者          〇県〇市〇町〇丁目〇番〇号
                              Y    （印）
義務者          〇県〇市〇町〇丁目〇番〇号
                  亡X相続人      A    （印）
                〇県〇市〇町〇丁目〇番〇号
                  亡X相続人      B    （印）
```

Q32 ●生前の贈与、死因贈与、遺贈で取得した土地や建物の登記は、どうするのですか　189

| 添付書類 | 登記識別情報　登記原因証明情報　印鑑証明書
住所証明書
（以下、上記（2）の死因贈与の場合と同じ） |

（説明）
① 書面の表題は、登記内容にかかわらず「登記申請書」とします。
② 登記の目的は、単に「所有権移転」とします。
③ 原因の日付は、遺言の効力を生じた年月日（遺言者の死亡日）とします。
④ 権利者の欄には、受遺者（遺贈を受けた者）の住所・氏名を記載し押印（認め印でよい）します。義務者の欄には相続人全員の住所・氏名を記載し実印で押印をします。
⑤ 添付書類の「登記識別情報」は、登記済証を添付します。「登記原因証明情報」は、遺言書、遺言者の戸籍謄本・除籍謄本を添付します。受遺者が相続人の場合はその者の戸籍謄本を添付します。「印鑑証明書」は義務者の印鑑登録証明書を添付します。「住所証明書」は受遺者（権利者）の住民票写しを添付します。添付書類の種類は、登記所の登記相談係で聞いておきます。
⑥ 登録免許税は、遺贈による所有権移転登記では、課税価格の1,000分の20（受遺者が相続人の場合は1,000分の4）となりますが、100円未満の端数は切り捨てます。

附錄●

付録1　家事「審判」の申立書の書式

受付印	家事審判申立書　事件名（　　　　　　　）
	（この欄に申立手数料として1件について800円分の収入印紙を貼ってください。）
収入印紙　　円 予納郵便切手　円 予納収入印紙　円	（貼った印紙に押印しないでください。）

準口頭		関連事件番号　平成　　年（家　　）第　　　　　　　　　号

	家庭裁判所 　　　　　　御中 平成　　年　　月　　日	申　立　人 （又は法定代理人など） の記名押印	印

添付書類	（審理のために必要な場合は，追加書類の提出をお願いすることがあります。） 申立人の戸籍謄本（全部事項証明書）　　　通 不在者の戸籍謄本（全部事項証明書）　　　通　　不在者の戸籍附票　　通

申立人	本　籍 (国　籍)	都　道 　　　　　府　県		
	住　所	〒　　－	電話　（　　　） （　　　　　　　方）	
	連絡先	〒　　－ （注：住所で確実に連絡できるときは記入しないでください。）	電話　（　　　） （　　　　　　　方）	
	フリガナ 氏　名		大正 昭和　　年　月　日生 平成 （　　　　　　歳）	
	職　業			

※ 不在者	本　籍 (国　籍)	都　道 　　　　　府　県	
	最後の 住　所	〒　　－	電話　（　　　） （　　　　　　　方）
	連絡先	〒　　－	電話　（　　　） （　　　　　　　方）
	フリガナ 氏　名		大正 昭和　　年　月　日生 平成 （　　　　　　歳）
	職　業		

（注）　太枠の中だけ記入してください。
※の部分は，申立人，法定代理人，成年被後見人となるべき者，不在者，共同相続人，被相続人等の区別を記入してください。

申 立 て の 趣 旨

申 立 て の 理 由

別表第一（　／　）

付録２　家事『調停』の申立書の書式

この申立書の写しは、法律の定めるところにより、申立ての内容を知らせるため、相手方に送付されます。

受付印	☐ 調停 家事　　　　　申立書　事件名（　　　　　　　） ☐ 審判
収入印紙　　　円 予納郵便切手　　　円	（この欄に申立て１件あたり収入印紙１，２００円分を貼ってください。） （貼った印紙に押印しないでください。）

家庭裁判所 　　　　　　　　御中 平成　　年　　月　　日	申　立　人 （又は法定代理人など） の記名押印	印

添付書類	（審理のために必要な場合は、追加書類の提出をお願いすることがあります。）	準口頭

申立人	本　籍 （国籍）	（戸籍の添付が必要とされていない申立ての場合は、記入する必要はありません。） 　　　　　　　　　都　道 　　　　　　　　　府　県
	住　所	〒　　－ 　　　　　　　　　　　　　　　　　　　（　　　　　方）
	フリガナ 氏　名	大正 　　　　　　　　　　　　　　昭和　　年　月　日生 　　　　　　　　　　　　　　平成 　　　　　　　　　　　　　　（　　　　　歳）
相手方	本　籍 （国籍）	（戸籍の添付が必要とされていない申立ての場合は、記入する必要はありません。） 　　　　　　　　　都　道 　　　　　　　　　府　県
	住　所	〒　　－ 　　　　　　　　　　　　　　　　　　　（　　　　　方）
	フリガナ 氏　名	大正 　　　　　　　　　　　　　　昭和　　年　月　日生 　　　　　　　　　　　　　　平成 　　　　　　　　　　　　　　（　　　　　歳）

（注）太枠の中だけ記入してください。

この申立書の写しは、法律の定めるところにより、申立ての内容を知らせるため、相手方に送付されます。

申　立　て　の　趣　旨

申　立　て　の　理　由

別表第二，調停(　/　)

付録3　家事事件手続法の「別表第一」

1　成年後見
1　後見開始（民法7条）
2　後見開始の審判の取消（民法10条・19条）
3　成年後見人の選任（民法843条）
4　成年後見人の辞任についての許可（民法844条）
5　成年後見人の解任（民法846条）
6　成年後見監督人の選任（民法849条）
7　成年後見監督人の辞任についての許可（民法852条・844条）
8　成年後見監督人の解任（民法852条・846条）
9　成年後見に関する財産の目録の作成の期間の伸長（民法853条1項但書）
10　成年後見人又は成年後見監督人の権限の行使についての定め及びその取消（民法859条の2第1項・第2項）
11　成年被後見人の居住用不動産の処分についての許可（民法859条の3）
12　成年被後見人に関する特別代理人の選任（民法860条・826条）
13　成年後見人又は成年後見監督人に対する報酬の付与（民法862条）
14　成年後見の事務の監督（民法863条）
15　第三者が成年被後見人に与えた財産の管理に関する処分（民法869条）
16　成年後見に関する管理の計算の期間の伸長（民法870条但書）

2　保佐
17　保佐開始（民法11条）
18　保佐人の同意を得なければならない行為の定め（民法13条2項）
19　保佐人の同意に代わる許可（民法13条3項）
20　保佐開始の審判の取消（民法14条1項・19条1項）
21　保佐人の同意を得なければならない行為の定めの審判の取消（民法14条2項）
22　保佐人の選任（民法876条の2第1項・第2項）
23　保佐人の辞任についての許可（民法876条の2第2項）

24 保佐人の解任（民法867条の2第2項）
25 臨時補佐人の選任（民法876条の2第3項）
26 保佐監督人の選任（民法876条の3第1項）
27 保佐監督人の辞任についての許可（民法876条の3第2項）
28 保佐監督人の解任（民法876条の3第2項）
29 保佐人又は保佐監督人の権限の行使についての定め又はその取消（民法876条の3第2項・876条の5第2項）
30 被保佐人の居住用不動産の処分についての許可（民法876条の3第2項・876条の5第2項）
31 保佐人又は保佐監督人に対する報酬の付与（民法876条の3第2項・876条の5第2項）
32 保佐人に対する代理権の付与（民法876条の4第1項）
33 保佐人に対する代理権の付与の審判の取消（民法876条の4第3項）
34 保佐の事務の監督（民法876条の5第2項）
35 保佐に関する管理の計算の期間の伸長（民法876条の5第3項）

3 補助

36 補助開始（民法15条1項）
37 補助人の同意を得なければならない行為の定め（民法17条1項）
38 補助人の同意に代わる許可（民法17条3項）
39 補助開始の審判の取消（民法18条1項・3項、19条1項）
40 補助人の同意を得なければならない行為の定めの審判の取消（民法18条2項）
41 補助人の選任（民法876条の7第1項・第2項）
42 補助人の辞任についての許可（民法876条の7第2項）
43 補助人の解任（民法876条の7第2項）
44 臨時補助人の選任（民法876条の7第3項）
45 補助監督人の選任（民法876条の8第1項）
46 補助監督人の辞任についての許可（民法876条の8第2項）
47 補助監督人の解任（民法876条の8第2項）
48 補助人又は補助監督人の権限の行使についての定め及びその取消（民法876条の8第2項、876条の10第1項）

49　被補助人の居住用不動産の処分についての許可（民法876条の8第2項、876条の10第1項）

50　補助人又は補助監督人に対する報酬の付与（民法876条の8第2項、876条の10第1項）

51　補助人に対する代理権の付与（民法876条の9第1項）

52　補助人に対する代理権の付与の審判の取消（民法876条の9第2項）

53　補助の事務の監督（民法876条の10第1項）

54　補助に関する管理の計算の期間の伸長（民法876条の10第2項）

4　不在者の財産の管理

55　不在者の財産の管理に関する処分（民法25条〜29条）

5　失踪の宣告

56　失踪の宣告（民法30条）

57　失踪の宣告の取消（民法32条1項）

6　婚姻等

58　夫婦財産契約による財産の管理者の変更等（民法758条2項・3項）

7　親子

59　嫡出否認の訴えの特別代理人の選任（民法775条）

60　子の氏の変更についての許可（民法791条1項・3項）

61　養子縁組をするについての許可（民法794条・798条）

62　死後離縁をするについての許可（民法811条6項）

63　特別養子縁組の成立（民法817条の2）

64　特別養子縁組の離縁（民法817条の10第1項）

8　親権

65　子に対する特別代理人の選任（民法826条）

66　第三者が子に与えた財産の管理に関する処分（民法830条2項〜4項）

67　親権喪失、親権停止又は管理権喪失（民法834条・835条）

68　親権喪失、親権停止又は管理権喪失の審判の取消（民法836条）

69　親権又は管理権を辞し、又は回復するについての許可（民法837条）

9　未成年後見

70　養子の離縁後に未成年後見人となるべき者の選任（民法811条5項）

71　未成年後見人の選任（民法840条1項・2項）

72　未成年後見人の辞任についての許可（民法844条）
　73　未成年後見人の解任（民法846条）
　74　未成年後見監督人の選任（民法849条）
　75　未成年後見監督人の辞任についての許可（民法852条）
　76　未成年後見監督人の解任（民法852条）
　77　未成年後見に関する財産目録の作成の期間の伸長（民法853条1項但書）
　78　未成年後見人又は未成年後見監督人の権限の行使についての定め及びその取消（民法857条の2第2項〜第4項）
　79　未成年被後見人に関する特別代理人の選任（民法860条）
　80　未成年後見人又は未成年後見監督人に対する報酬の付与（民法862条）
　81　未成年後見の事務の監督（民法863条）
　82　第三者が未成年被後見人に与えた財産の管理に関する処分（民法869条）
　83　未成年後見に関する管理の計算の期間の伸長（民法870条但書）

10　扶養
　84　扶養義務の設定（民法877条2項）
　85　扶養義務の設定の取消（民法877条3項）

11　推定相続人の廃除
　86　推定相続人の廃除（民法892条・893条）
　87　推定相続人の廃除の審判の取消（民法894条）
　88　推定相続人の廃除の審判又はその取消の審判の確定前の遺産の管理に関する処分（民法895条）

12　相続の承認及び放棄
　89　相続の承認又は放棄をすべき期間の伸長（民法915条1項但書）
　90　相続財産の保存又は管理に関する処分（民法918条2項・3項）
　91　限定承認又は相続の放棄の取消の申述の受理（民法919条4項）
　92　限定承認の申述の受理（民法924条）
　93　限定承認の場合における鑑定人の選任（民法930条2項、932条但書）
　94　限定承認を受理した場合における相続財産の管理人の選任（民法936条1項）

95　相続の放棄の申述の受理（民法938条）

13　財産分離
　96　財産分離（民法941条1項、950条1項）
　97　財産分離の請求後の相続財産の管理に関する処分（民法943条）
　98　財産分離の場合における鑑定人の選任（民法947条3項、950条2項）

14　相続人の不存在
　99　相続人の不存在の場合における相続財産の管理に関する処分（民法952条・953条・958条）
　100　相続人の不存在の場合における鑑定人の選任（民法957条2項）
　101　特別縁故者に対する相続財産の分与（民法958条の3第1項）

15　遺言
　102　遺言の確認（民法976条4項、979条3項）
　103　遺言書の検認（民法1004条1項）
　104　遺言執行者の選任（民法1010条）
　105　遺言執行者に対する報酬の付与（民法1018条1項）
　106　遺言執行者の解任（民法1019条1項）
　107　遺言執行者の辞任についての許可（民法1019条2項）
　108　負担付遺贈に係る遺言の取消（民法1027条）

16　遺留分
　109　遺留分を算定する場合における鑑定人の選任（民法1029条2項）
　110　遺留分の放棄についての許可（民法1043条1項）

17　任意後見契約法
　111　任意後見契約の効力を発生させるための任意後見監督人の選任（任意後見契約法4条1項）
　112　任意後見監督人が欠けた場合における任意後見監督人の選任（任意後見契約法4条4項）
　113　任意後見監督人を更に選任する場合における任意後見監督人の選任（任意後見契約法4条5項）
　114　後見開始の審判等の取消（任意後見契約法4条2項）
　115　任意後見監督人の職務に関する処分（任意後見契約法7条3項）
　116　任意後見監督人の辞任についての許可（任意後見契約法7条4項）

117　任意後見監督人の解任（任意後見契約法7条4項）
118　任意後見監督人の権限の行使についての定め及びその取消（任意後見契約法7条4項）
119　任意後見監督人に対する報酬の付与（任意後見契約法7条4項）
120　任意後見人の解任（任意後見契約法8条）
121　任意後見契約の解除についての許可（任意後見契約法9条2項）

18　戸籍法
122　氏又は名の変更についての許可（戸籍法107条1項）
123　就籍許可（戸籍法110条1項）
124　戸籍の訂正についての許可（戸籍法113条・114条）
125　戸籍事件についての市町村長の処分にたいする不服（戸籍法121条）

19　性同一性障害者の性別の取扱いの特例に関する法律
126　性別の取扱いの変更（性同一性障害者の性別の取扱いの特例に関する法律3条1項）

20　児童福祉法
127　都道府県の措置についての承認（児童福祉法28条1項1号・2号但書）
128　都道府県の措置の期間の更新についての証人（児童福祉法28条2項但書）

21　生活保護法等
129　施設への入所等についての許可（生活保護法30条3項）

22　心神喪失等の状態で重大な他害行為を行った者の医療及び観察等に関する法律
130　保護者の順位の変更及び保護者の選任（心神喪失等の状態で重大な他害行為を行った者の医療及び観察等に関する法律23条の2第2項但書・同項4号）

23　破産法
131　破産手続が開始された場合における夫婦財産契約による財産の管理者の変更等（破産法61条1項）
132　親権を行う者につき破産手続が開始された場合における管理権喪失（破産法61条1項）
133　破産手続における相続の放棄の承認についての申述の受理（破産法238条2項）

24　中小企業における経営の承継の円滑化に関する法律
　134　遺留分の算定に係る合意についての許可（中小企業における経営の承継の円滑化に関する法律8条1項）

付録4　家事事件手続法の「別表第二」

1　婚姻等
  1　夫婦間の協力扶助に関する処分（民法752条）
  2　婚姻費用の分担に関する処分（民法760条）
  3　子の監護に関する処分（民法766条2項・3項）
  4　財産の分与に関する処分（民法768条2項）
  5　離婚等の場合における祭具等の所有権の承継者の指定（民法769条2項）

2　親子
  6　離縁等の場合における祭具等の所有権の承継者の指定（民法808条2項、817条）

3　親権
  7　養子の離縁後に親権者となるべき者の指定（民法811条4項）
  8　親権者の指定又は変更（民法819条5項・6項）

4　扶養
  9　扶養の順位の決定及びその決定の変更又は取消（民法878条・880条）
  10　扶養の程度又は方法についての決定及びその決定の変更又は取消（民法879条・880条）

5　相続
  11　相続の場合における祭具等の所有権の承継者の指定（民法897条2項）

6　遺産の分割
  12　遺産の分割（民法907条2項）
  13　遺産の分割の禁止（民法907条3項）
  14　寄与分を定める処分（民法904条の2第2項）

7　厚生年金保険法等
  15　請求すべき按分割合に関する処分（厚生年金保険法78条の2第2項ほか）

8　生活保護法等
  16　扶養義務者の負担すべき費用額の確定（生活保護法77条2項）

以上

[著者略歴]

矢野　輝雄（やの　てるお）

1960年、NHK(日本放送協会)入局、元NHKマネージング・ディレクター。元NHK文化センター講師。現在、矢野行政書士事務所長

主な著書：「家事事件手続ハンドブック～家庭裁判所利用術～」「本人訴訟ハンドブック～知識ゼロからの裁判所利用術～」「ひとりでできる行政監視マニュアル」「生活保護獲得ガイド」「定年からの生活マニュアル」「刑事事件お助けガイド」「介護保険活用ガイド」「配偶者暴力対策ガイド」「欠陥住宅をつかまない法」「欠陥住宅被害・対応マニュアル」「あきれる裁判と裁判員制度」(以上、緑風出版)、「いじめ・体罰・校内暴力～保護者の法的対応マニュアル」「ひとり暮らしの老後に備える」(以上、信山社)、「特許ノウハウ実施契約Q&A」「知的財産権の考え方・活かし方Q&A」(以上、オーム社)、ほか

連絡先　矢野事務所　電話 087-834-3808

JPCA 日本出版著作権協会
http://www.e-jpca.jp.net/

＊本書は日本出版著作権協会（JPCA）が委託管理する著作物です。
　本書の無断複写などは著作権法上での例外を除き禁じられています。複写（コピー）・複製、その他著作物の利用については事前に日本出版著作権協会（電話03-3812-9424, e-mail:info@e-jpca.jp.net）の許諾を得てください。

相続・遺言対策ガイド
～相続の仕組みと遺言書の書き方～

2015年6月30日　初版第1刷発行　　　　定価 2000 円＋税

著　者　矢野輝雄 ©
発行者　高須次郎
発行所　緑風出版

〒113-0033　東京都文京区本郷2-17-5　ツイン壱岐坂

　　［電話］03-3812-9420　　［ＦＡＸ］03-3812-7262　［郵便振替］00100-9-30776
　　［E -mail］info@ryokufu.com　［URL］http://www.ryokufu.com/

装　幀　斎藤あかね　　　イラスト　Nozu
制　作　R 企 画　　　　印　刷　中央精版印刷・巣鴨美術印刷
製　本　中央精版印刷　　用　紙　大宝紙業・中央精版印刷　　　　　E1200

〈検印廃止〉乱丁・落丁は送料小社負担でお取り替えします。
本書の無断複写（コピー）は著作権法上の例外を除き禁じられています。なお、複写など著作物の利用などのお問い合わせは日本出版著作権協会（03-3812-9424）までお願いいたします。

Teruo YANO© Printed in Japan　　ISBN978-4-8461-1508-1　C0032

自動車事故・対応マニュアル

矢野輝雄著

A5判並製
一八八頁
1900円

交通事故による死傷者数は一〇〇万人を超え、検挙者数も増大している。本書は、被害者、加害者双方の立場から、交通事故や保険の基礎知識の他、事故発生時から損害賠償の最終的解決に至るまでのすべての対応を詳しく解説。

欠陥住宅をつかまない法

矢野輝雄著

A5判並製
一九六頁
1900円

耐震強度偽装問題は、益々広がりをみせている。欠陥住宅をつかまないためにはどうすればよいのか？本書は、一戸建て、建売、マンションなど、それぞれのチェックの仕方や見方を見本付きで丁寧に解説している。

欠陥住宅被害・対応マニュアル

宮武正基・矢野輝雄著

A5判並製
一七六頁
1900円

欠陥住宅に泣く人は後を絶たない。その上、原因究明や解決となると、時間や費用がかかり、極めて困難だ。本書は一級建築士らが、建築の素人である一般市民でも闘えるように、業者に対抗する知識とノウハウを解説する。

行政監視マニュアル

矢野輝雄・宮武正基著

A5判並製
二六〇頁
2200円

税金の無駄遣いの監視などは、各自治体の監査委員や議会がすべきだが、「眠る議会と死んだ監査委員」といわれ、何も監視しない状況が続いている。本書は、市民がひとりでもできるように、丁寧に様々な監視手法を説明している。

ひとりでできる 絶対に訴えてやる！
訴えるための知識とノウハウ

矢野輝雄著

A5判並製
一八八頁
1900円

「絶対に訴えてやる！」と思った時一人で裁判にもちこむこととも可能。本書は、民事訴訟、家事事件や告訴、告発までの必要な理論と書式、手続をわかり易く解説すると共に、マニュアルとしてそのまま利用可能。手許に置くべき一冊。

「逮捕・起訴」対策ガイド
市民のための刑事手続法入門

矢野輝雄著

A5判並製
二〇八頁
2000円

万一、あなたや家族が犯人扱いされたり、犯人となってしまった場合、どうすればよいのか？本書はそういう人たちのために、逮捕から起訴、そして裁判から万一の服役まで刑事手続法の一切を、あなたの立場に立って易しく解説。

◎緑風出版の本

■全国のどの書店でもご購入いただけます。
■店頭にない場合は、なるべく書店を通じてご注文ください。
■表示価格には消費税が加算されます。

家事事件手続ハンドブック――家庭裁判所利用術
矢野輝雄著　A5判並製　200頁　2000円

老親の扶養、離婚、財産分与、遺産の分割のような家庭内の問題で争いが生じた場合など、当事者として特に利用することの多い家事事件手続を取り上げたほか、どんな家事事件にも対応することのできる理論と実務について説明。

刑事事件お助けガイド
矢野輝雄著　A5判並製　二二〇頁　2000円

告訴・告発のしかたから起訴後まで、刑事手続きの仕組み、そこでの対応法や問題点、また、新たに導入された裁判員制度とその問題点も解説。被疑者やその家族の立場から、まさかの時の刑事事件、これさえあれば、大丈夫です。

配偶者暴力対策ガイド
矢野輝雄著　A5判並製　200頁　2200円

DV（ドメスティック・バイオレンス）防止法が制定されたが、十分活用されない。本書は、DVへの対処法、相談や保護命令の申立、生活保障などを解説すると共に、離婚に至ったときのやり方も詳細に解説。すぐ役立つ！

生活保護獲得ガイド
矢野輝雄著　A5判並製　一七六頁　1800円

生活保護なしに生活できない人が急増している。しかし行政は財政難から、逆に保護を受けさせないように、「水際作戦」などを展開している。こうした生活保護行政の妨害を突破して、生活保護を獲得する方法を説明する。

公務員の個人責任を追及する法
矢野輝雄著　A5判並製　二四〇頁　2000円

複数の公務員や民間業者が関与して行なわれることが多い裏金作り、カラ出張、収賄等を告発するには、どんな方法があるのか。本書は、公務員の犯罪行為やその他の違法行為を効果的に追及する方法を個別、具体的に説明。

モラル・ハラスメント
こころのDVを乗り越える

橋本俊和・智子著

A5判並製
二六〇頁
2400円

パートナーの言動や態度が怖くてものが言えない。そんな状況が続くと自分を失っていきます。それは、「モラル・ハラスメント」という暴力です。本書はそんな被害者に寄り添い、どのように対処すべきかを丁寧に説明しています。

本人訴訟ハンドブック

矢野輝雄著

A5判並製
二三六頁
2400円

民事訴訟は、裁判所を活用し自分の権利を実現する方法です。民事訴訟は大体のルールが分かれば、誰でも自信をもって訴訟を進められるように、Q&Aで丁寧に解説しています。本書は、法律知識がない人でも本人訴訟が可能です。

海の放射能汚染

湯浅一郎著

A5判上製
一九二頁
2200円

福島原発事故による海の放射能汚染を最新のデータで解析、また放射能汚染がいかに生態系と人類を脅かすかを、惑星海流と海洋生物の生活史から総括し、明らかにする。海洋環境学の第一人者が自ら調べ上げたデータを基に平易に説く。

どんぐりの森から
原発のない世界を求めて

武藤類子著

四六判並製
二一二頁
2600円

3・11以後、福島で被曝しながら生きる人たちの一人である著者。彼女は、自然と寄り添い生きてきた。彼女のあくまでも穏やかに紡いでゆく言葉は、多くの感動と反響を呼び起こしている。福島原発告訴団長として闘い続ける著者の叫び。

原発は滅びゆく恐竜である
水戸巌著作・講演集

水戸巌著

A5判上製
三二八頁
2800円

原子核物理学者・水戸巌は、原子力発電の危険性を早くから力説し、彼の分析の正しさは、福島第一原発事故で悲劇として実証された。彼の文章から、フクシマ以後の放射能汚染による人体への致命的影響が驚くべきリアルさで迫る。

原発の底で働いて
——浜岡原発と原発下請労働者の死

高杉晋吾著

四六判上製
二一六頁
2000円

浜岡原発下請労働者の死を縦糸に、浜岡原発の危険性の検証を横糸に、そして、3・11を契機に、経営者の中からも上がり始めた脱原発の声を拾い、原発のない未来を考えるルポルタージュ。世界一危険な浜岡原発は、廃炉しかない。